Resiliencia

Guía Para Transformar Tus Batallas... ¡En Victorias!

Testimonio Real De Sobrevivencia y Superación

Stephanie Li
"La Shoppinista"

Resiliencia

Copyright © 2018 por Stephanie Li

www.StephanieLi.com

Todos los derechos reservados.

Ninguna parte de esta publicación puede ser reproducida, digitalizada, transmitida o impresa de forma electrónica o mecánica, incluyendo fotocopias, grabaciones, o cualquier otro tipo de sistema almacenaje y/o captura de información, sin la autorización previa y escrita del autor. Las únicas excepciones pueden ser breves menciones o citas del contenido para reseñas, artículos o promociones. Nos hemos esforzados grandemente para que toda la información que aquí se incluye sea completa y precisa. Sin embargo, el autor no se hace responsable, ni tampoco está ofreciendo consejo profesional al lector individual.

Este libro también está disponible con descuento por volumen.

Editado por Amneris Meléndez
Portada por Artixtica by Yozan & EMARTZ Experience Design
Formato y Revisión Final por Alex Ochart

Impreso por CreateSpace, una empresa de Amazon.com
ISBN: 978-0-692-07548-7

Aviso de Marcas

Las marcas comerciales o "trademarks" utilizadas en esta publicación son propiedad de Shoppinista Enterprise, Inc. La empresa, autora, editores, publicadora, o el diseñador no reclaman ser en su carácter personal o profesional dueños de marcas, elementos o tipografías, que no son de su autoría y/o propiedad.

Aviso Legal

La narrativa y las declaraciones se ajustan al mejor recuerdo de su autora y a su perspectiva de la verdad. Debido al paso del tiempo y elementos ajenos a su voluntad, los eventos pudieran alejarse de la exactitud. Los nombres, personajes, lugares e incidentes fueron ajustados para preservar la identidad y privacidad de las personas que pudieran estar relacionadas a la narración.

Shoppinista Enterprise, Inc., sus dueños, representantes y afiliados reconocen la verdad como pilar principal. Nada de lo contenido en esta obra ha sido conversado con interés o propósito de difamación o de causar daño.

Esta publicación pretende llevar un mensaje de alto interés público y social, especialmente en el tema de maltrato infantil, superación y empoderamiento femenino en Estados Unidos, Puerto Rico y América Latina. Las narrativas tienen el propósito de motivar y empoderar al lector(a).

Los patrocinadores, marcas y clientes de Shoppinista Enterprise, Inc. no se solidarizan con las expresiones vertidas en esta publicación.

Dedicatoria

Dedicado a mi indispensable, fiel y perfecto Creador. A todos los ángeles terrenales que he tenido en el camino, especialmente mi mamita Peachy, titi Marilyn y abuela Victoria. A mi incomparable gran amor, mejor amigo y cómplice, Harold. Al regalo más preciado que es mi hija Fabiola Li y nuestros próximos descendientes a quienes sin aún conocerlos ya los amo. A mi súper comunidad del #MovimientoShoppinista que se conecta conmigo y apoya los proyectos que emprendo con propósito, amor y fuerza.

CONÉCTATE CONMIGO

Durante cada capítulo te compartiré ejercicios, reflexiones y herramientas para que te guíen a la resiliencia.

Me encantaría que te conectes conmigo por Internet y me compartas tu experiencia en este proceso.

Facebook: La Shoppinista Stephanie Li
Instagram: @LaShoppinista
www.StephanieLi.com

COMPÁRTELO

Si este libro es de utilidad para ti, te agradecería que se lo recomiendes a las personas que necesiten o quieran ser resilientes.

CONTENIDO

Resiliencia..2
Introducción...3
Parte I: Mi Sobrevivencia....................................7
Capítulo 1: Infancia Atropellada......................11
Capítuo 2: Adolescente, Rebelde con causa........23
Capítulo 3: Independencia precoz.....................36
Capítulo 4: Amor incrédulo vs amor perseverante..48
Capítulo 5: Guerrera militar..............................53
Capítulo 6: Un Nuevo Camino..........................60
Capítulo 7: Mi primer amor maternal................72
Parte II: Resiliencia..83
Capítulo 8: De sobrevivencia a resiliencia.........84
Capítulo 9: Feminismo VS Sexismo..................101
Capítulo 10: Shoppinista™.................................111
Capítulo 11: Metamorfosis | Una transformación 121
Capítulo 12: Armadura Protectora....................128
Capítulo 13: Armas para ganar victorias..........128
Capítulo 14: Conclusión.....................................167
Biografía...178
Referencias..181

Resiliencia

"Es el proceso de adaptarse bien a la adversidad, a un trauma, tragedia, amenaza, o fuentes de tensión significativas, como problemas familiares o de relaciones personales, problemas serios de salud o situaciones estresantes del trabajo o financieras.

Significa "rebotar" de una experiencia difícil como si uno fuera una bola o un resorte.

La investigación ha demostrado que la resiliencia es ordinaria, no extraordinaria. La gente comúnmente demuestra resiliencia. Incluye conductas, pensamientos y acciones que puedes ser aprendidas o desarrolladas por cualquier persona".

Introducción

Hola hola, por aquí Stephanie Li. Muchos me conocen como La Shoppinista, la que ven en la televisión o en el Internet. La especialista para comprar, ganar y gozar de la mejor forma...pero espera, en este libro **no** te voy a hablar de cómo comprar mejor, ni de cuáles son los productos adecuados para tus necesidades o gustos, ni cómo tener más dinero, ganar recompensas de tus compras, tener mejores finanzas personales y ahorrar tiempo en el proceso. Aquí te confesaré mis razones y los propósitos detrás del personaje de La Shoppinista. Se trata de las muchas batallas que enfrenté como niña, adolescente y mujer joven.

El propósito de revelar mis experiencias personales e íntimas es que puedas evitar vivirlas o te sirvan de guía para avanzar a superarlas si estás viviendo batallas similares, no importa tu edad ni estatus social. ¿Por qué? Porque los diferentes tipos de maltrato, la falta de amor propio, la desesperanza, el miedo, la ignorancia, las batallas y crisis le tocan a cualquiera.

Declaro que la historia que redacto es mi verdad, según como mejor la recuerdo y entiendo. Comienzo las confesiones contándote que a mis 30 años he sobrevivido muchas dificultades. En cada una de ellas me enojé, estuve inconforme y hasta me rebelé. Quise darle la batalla a la sobrevivencia e incluso declararle la guerra, pero para bien. Quise acabar con el "modus operandi" de sobrevivencia en el que vivía; durante muchos años, cada mes e incluso a diario.

Siento que lo sucedido, hasta cierto punto, me ayudó a ganar muchas batallas, no todas por supuesto, pero te garantizo que he sacado lecciones y beneficios que compartiré contigo. Y digo hasta cierto punto, porque reconozco que no tenemos el control absoluto de todos los sucesos en la vida, sean voluntarios o involuntarios. Lo que he aprendido es que sí podemos controlar muchas de las reacciones, actitudes y la mentalidad con las que enfrentamos las situaciones de sobrevivencia para transformarlas en resiliencia. Tal vez, al final de mis días sabré si le gané la guerra al mal; si conseguí la victoria.

Mi inspiración para realizar este proyecto tan personal estuvo latente desde los inicios de mi carrera profesional en el campo de las comunicaciones. Siempre sentí la necesidad de hablar de mis vivencias, con el fin de compartir una guía con personas que estuvieran pasando por situaciones similares a las que yo enfrenté, especialmente niñas y mujeres. Es una intuición, como si una voz interior me dijera que todo lo que había vivido me estaba preparando para aportar positivamente a otros. Y así fui encontrando todas las señales y respuestas a esta inquietud que por años habitaba en mi mente y corazón.

Comencé compartiendo públicamente un poco de mi testimonio personal y para mi sorpresa impacté positivamente a algunas personas. Luego, conté un poco más de mi historia y fue como un rayo de esperanza para cientos de personas. Fui invitada a un programa de televisión para una entrevista y me preguntaron sobre mi testimonio. Yo sentía miedo de contarlo, lo escondía como un tesoro, pues mi intención no era para nada difamar, dañar o vengarme de nadie.

Sin embargo, cuando decidí hablar, pude impactar a miles de personas; quienes luego a través de las redes sociales me contaban lo que estaban viviendo y como mi historia de superación les daba fuerza. Se identificaban y se llenaban de esperanza al saber que, al igual que ellos, otra persona pasó situaciones difíciles y las había podido vencer. Entonces, confirmé que había llegado el momento de redactar estas líneas que no sólo las trabajé intelectualmente, sino humanamente. Aquí he abierto mi corazón y comparto los conocimientos adquiridos de mis experiencias personales, como mejor las recuerdo.

Escribí este libro con el propósito de soltar, compartir, inspirar, guiar, empoderar y conectar con otros "resilientes" de la vida. Confieso muchos de mis retos, dificultades, batallas y crisis,

Resiliencia

tanto a nivel personal como profesional. Además, compartiré las armas que he ido encontrando para sobrepasar, progresar y superar mis batallas para que sirvan de guías a quienes buscan superarse.

Compartir mi historia de sobrevivencia no tiene como fin auto victimizarme para recibir simpatía o compasión de nadie. No lo necesito y en los siguientes capítulos lo explicaré. Yo no soy la única persona que sobrevive de forma positiva a batallas de la vida, el mundo está lleno de resiliencia.

Quisiera que este libro fuera una herramienta de auto ayuda para darles un rayo de luz a otras personas que se sienten en un túnel sin salida. ¿Eres tú una de esas personas? Te propongo un reto. Transforma tus batallas en victorias, los errores en lecciones, las crisis en oportunidades de bendiciones y la sobrevivencia en resiliencia. ¡Con amor y fuerza!

Espero que tú permitas que así sea.

LA CRISIS

"No pretendamos que las cosas cambien, si siempre hacemos lo mismo. La crisis es la mejor bendición que puede sucederle a personas y países, porque la crisis trae progresos. La creatividad nace de la angustia como el día nace de la noche oscura. Es en la crisis que nace la inventiva, los descubrimientos y las grandes estrategias.

Quien supera la crisis se supera a sí mismo sin quedar 'superado'. Quien atribuye a la crisis sus fracasos y penurias, violenta su propio talento y respeta más a los problemas que a las soluciones.

La verdadera crisis, es la crisis de la incompetencia. El inconveniente de las personas y los países es la pereza para encontrar las salidas y soluciones. Sin crisis no hay desafíos, sin desafíos la vida es una rutina, una lenta agonía. Sin crisis no hay méritos.

Es en la crisis donde aflora lo mejor de cada uno, porque sin crisis todo viento es caricia. Hablar de crisis es promoverla, y callar en la crisis es exaltar el conformismo. En vez de esto, trabajemos duro.

Acabemos de una vez con la única crisis amenazadora, que es la tragedia de no querer luchar por superarla".

- *ALBERT EINSTEIN*

¿Qué es vivir?

Lo esencial para existir puede ser muy complejo de definir cuando los seres humanos lo describen desde las perspectivas de: filosofía, biología, psicología o espiritualidad, entre otros; pero en definición general, ¿qué es vivir?

Según la Real Academia Española, vivir es tener vida o habitar. En la biología, vivir se refiere a cuando una materia cuenta con las siguientes propiedades orgánicas: organización de células, metabolismo, homeostasis, crecimiento, reproducción, respuesta y evolución. Todo lo que se supone nos enseñaron en la escuela.

En un planeta lleno de seres vivos y elementos no vivos, como lo son los componentes del medio ambiente, más allá de vivir estamos expuestos a sobrevivir.

Según varios diccionarios, sobrevivir significa vivir después de la muerte de otra persona o después de un determinado suceso traumático. También se puede referir a vivir con escasos medios o en condiciones adversas. Todas esas definiciones pueden darnos una idea del significado, pero sólo quienes hemos experimentado la sobrevivencia podremos describir su significado por medio de actividades o acciones asumidas por reacción.

RESILIENCIA

Muchos escuchamos la palabra sobrevivir y nos suena tan familiar que podríamos autoproclamarnos expertos en el tema, otros pensarían que es normal pasar los días en ese "modus operandi" de sobrevivencia, porque su vida no les ha mostrado otra realidad o porque no la han sabido ver, buscar ni encontrar. Simplemente, no conocen otra manera de vivir.

Capítulo 1:

Infancia Atropellada

El aborto que se buscaba, no se logró concretar y mi nacimiento fue inminente, según me contaron una y otra persona. Llegué al mundo durante una nevada en diciembre del 1987 en Estados Unidos. Antes de cumplir mi primer año fui enviada a Puerto Rico para estar bajo el cuidado de mi abuela y mis tías. Ellas habían recibido una contundente amenaza, que si no me recogían, yo sería puesta en adopción.

Así que, pasé mi infancia brincando de un sitio a otro, en diferentes hogares. Viajando entre Puerto Rico y los Estados Unidos. Comencé a volar con asistencia de las azafatas, incluso antes de tener la memoria para recordarlo.

Cuando estaba en Estados Unidos pasaba mucho tiempo con

Resiliencia

mi tía, a quien yo le llamo "mamita Peachy", su esposo e hijo, quien para ese entonces era un bebé. Mi tía me hacía sentir como su hija, dándome mucho amor, atención y cuidado. Aunque tengo pocos recuerdos, por lo pequeña que era, guardo algunas fotos y vídeos junto a ellos. Ella jugaba conmigo a que yo era Selena y cantaba en concierto con bailarines, y en otras ocasiones a que era Little Mermaid.

Cuando estaba en Puerto Rico con mi abuela y mis tías me sentía protegida, querida y segura. Recuerdo momentos muy lindos con ellas que siempre atesoraré. Me cuidaron como madres protectoras, fueron amigas y como ángeles para mí. Definitivamente, ellas son mujeres empoderadas que edifican a otras. Mis modelos a seguir.

Me enseñaron a tener espiritualidad, cuidado personal, a bailar, cantar, hacer pantomimas y dramas en la iglesia. Me enseñaron valores, como: tratar a otros como me gusta que me traten, a respetar la diversidad entre las personas, a no discriminar y a compartir con todos. Esos comportamientos que nacen del amor a Dios, a uno mismo y al prójimo. Además, me enseñaron a amar la educación, mi independencia y mi propósito en la vida. En fin, me dieron la base para mi formación, carácter y metas. Desde niña me dejaron soñar para que cuando fuera adulta lograra ser lo que quisiera.

Recuerdo a mi abuela Vicky enseñarme a leer mis primeras

palabras en Kindergarden, a pesar de ella tener poca escolaridad. Ella estaba muy involucrada en mi educación pues era conserje en la escuela pública a la que yo asistía. Esto me permitía verla trabajar honradamente hasta que cerraba la escuela. Luego, nos íbamos en transportación pública hasta nuestro hogar. Allí llegaba a cocinar, alimentarme y prepararme; para el próximo día madrugar y volver a la rutina.

Nunca olvido cuando me decía: "seremos pobres, pero limpias y dignas". Mi abuela es una mujer de carácter muy fuerte (aún le debato que es demasiado), tenaz, perfeccionista, de poco demostrar o expresar afecto, pero con sus acciones demuestra cuánto le importa la gente que ama. Su mejor expresión es protegiendo o a veces sobreprotegiendo.

Los fines de semana representaban mucha diversión para mí. Mi tía Marilyn venía con su familia a recogerme, entonces me quedaba con ellos en su comunidad en el campo del pueblo en el que vivíamos y también asistíamos a la iglesia. Me encantaba el ambiente entre ellos, ver a mi tía con su esposo e hijos me daba la sensación de que estaba en mi propia familia "normal".

Aunque no era parte de la misma, mi tía siempre me hizo sentir incluida, pues era muy amorosa conmigo y su buen sentido del humor era algo que siempre estaba en nuestros días juntas. Si daba algo a sus hijos en mi presencia, igualmente me daba a mí. Nunca

Resiliencia

me hizo sentir diferente o menos.

Terminé mi Kindergarden y quien me pudo llevar a la graduación fue otra de mis tías. Recuerdo que ese día me sentí diferente, como dejada atrás. Fue la primera vez que realicé en mi mente que no tenía una familia tradicional, ya que la mayoría de mis compañeritos habían llegado con sus padres, hermanos y hasta abuelos. Algunos fueron con la familia completa, excepto yo. Ese día me puse sentimental, en vez de celebrar, estuve triste y llorosa.

Ese mismo verano me tocó regresar a Estados Unidos. Recuerdo lo mucho que me dolió separarme de mi abuela y tías, el miedo que sentía de alejarme de ellas y la incertidumbre de mudarme con una familia que para mí era desconocida. Una vez más subí a un avión sola, de la mano de una azafata.

La primera noche que llegué no hubo sonrisas o gestos positivos de bienvenida, pero me daba ilusión que nacería una compañerita de vida para no estar sola y por fin pertenecer a una familia tradicional. Irónicamente fue lo contrario, experimenté lo que hoy día conozco como la sensación de sentirme excluida.

Comencé en una escuela pública en inglés que me encantó, pues tuve amigos con diversidad de culturas y viví enriquecedoras experiencias educativas que involucraban actividades culturales, artísticas y científicas.

Con el pasar de las semanas, comencé a comparar la rutina que tuve con mi abuela a la que estaba teniendo en esa nueva familia. Ya no estaba viviendo con la mentoría educativa que antes tenía, pero como me gustaba mucho la escuela comencé, de forma independiente, a cumplir con mis tareas, hasta donde podía.

En esta nueva rutina, cuando llegaba temprano y si tenía el dinero para pagar la comida, desayunaba en la escuela. Una vecina hispana me daba transportación para la escuela ya que sus hijos también estudiaban allí.

En poco tiempo, esos niños comenzaron a burlarse de mí debido a mi poco arreglo personal; ya se notaba la negligencia de los adultos hacia mi cuidado. Estos niños llegaron a agredirme y como yo había sido educada con valores cristianos tenía mucho miedo a defenderme de la misma forma violenta. Experimenté lo que hoy día se le conoce como "bullying".

Entre este periodo de tiempo que viví en Estados Unidos conocí, vía telefónica, a esta otra persona que luego de salir de la cárcel me visitó.

En la casa donde vivía, una persona peleaba mucho con la otra persona cuando hablaban por teléfono; yo escuchaba gritos, amenazas y palabras soeces. Recuerdo que en una de esas acostumbradas discusiones telefónicas expresaron que yo no era su

RESILIENCIA

hija, lo que me confundía y me hacía sentir sin identidad, sin raíces ni seguridad. ¿Quién soy? ¿A dónde pertenezco?

Esa otra persona desapareció por un tiempo y cuando reapareció me mandó a buscar para que fuera a visitarle al estado donde vivía. Allí conocería a otra nueva familia, donde también tendría otra compañerita de vida que estaba a punto de nacer.

Una vez más, subí sola a un avión. Cuando llegué a esta otra casa fue como un "déjà vu", otra vez faltaron las sonrisas o gestos positivos de bienvenida. No quería que esta otra persona se fuera a trabajar, pues pasaría el día encerrada en un cuarto sin hablar con nadie.

Un día le expresé cómo me sentía y su solución fue dejarme usar la computadora. Me puso programas educativos y Paint para dibujar hasta que él regresara.

Al cabo de unas pocas semanas, me despedí con mucha tristeza y regresé al hogar anterior. Luego nuestra comunicación nunca fue estable, a veces pasaban meses e incluso años sin hablarnos. Así que, esta otra persona estuvo bastante ausente en mi infancia.

Cuando tenía entre seis a diez años mis días se tornaron muy duros y oscuros. Comencé a sobrevivir en círculos de maltrato emocional, violencia física, falta de amor y cuidado. Fui enseñada a robar en casas ajenas cuando iba a los "garage sales" de la comunidad y a encender cigarrillos. En otras ocasiones, como castigo me dejaban fuera del apartamento bajo el frío o en temporada de calor.

Mi vida en la "familia tradicional" era totalmente opuesta a la "no tradicional" que tenía en Puerto Rico junto a mi abuela y tías. Ya no sólo estudiaba, me divertía o ayudaba en pequeñas responsabilidades cotidianas. En esta nueva vida estudiaba y desde que salía de la escuela: cuidaba a la bebé, cumplía con tareas domésticas diarias y regularmente sufría un patrón de maltrato. Vestía y calzaba de segunda mano (lo cual no me causaba ningún daño), comía por ayudas del gobierno y viví en diferentes casas.

En ocasiones, algunos vecinos se encargaban de cuidarnos cuando la persona encargada desaparecía por distintas razones, que hasta incluían estadías en la cárcel.

Asistir a la escuela se convirtió en mi refugio, mi salvavidas, tanto así que me convertí en estudiante de alto honor y participaba en diversas actividades escolares.

A pesar de vivir en esas circunstancias negativas fui una niña soñadora, luchadora, espiritual y determinada. No sólo recibí becas estudiantiles por ser de una familia de recursos económicos limitados, también me becaron por tener buenas notas. Esto se lo

Resiliencia

atribuyo a las mujeres que me formaron en los años tempranos, mis tías y mi abuela. De ellas es el crédito.

Los pocos momentos en los que pude volver a ver a mi "mamita Peachy" fueron un bálsamo, pues me hacía volver a vivir un poco de mi antigua vida, con las actividades que me devolvían la alegría, tranquilidad y seguridad.

Cuando cursaba cuarto grado se tomó la decisión de mudarnos a Puerto Rico. Para mí esa fue una gran noticia, pues sabía que estar nuevamente cerca de mi abuela y mis tías me cambiaría la vida positivamente. Así mismo sucedió.

Luego de un tiempo, decidieron volver a Estados Unidos pero yo rogué que me dejaran en Puerto Rico y accedieron. Lo que más tristeza me dio fue tener que separarme de mi compañerita. Por otro lado, me sentí liberada, aliviada y de regreso a lo que para mí... era vivir.

Mis días junto a mi abuela y mis tías volvieron a estar llenos de experiencias positivas, similares a las que viví cuando era más pequeña. Era un estilo de vida más estricto y estructurado, pero saludable para mi mente y corazón.

La única experiencia negativa que recuerdo de este tiempo fue una tarde que salí de clases y en un autobús escolar con otros compañeros, quedamos en medio de una confrontación a balazos entre dos hombres que estaban en la carretera frente a nuestra escuela elemental. Todos nos arrojamos al suelo del autobús y afortunadamente ninguno salió herido. Recuerdo que al llegar al hogar todos estaban histéricos y preocupados porque recién habían visto las noticias de aquella situación.

Dos años después, la persona regresó a Puerto Rico para rehacer su vida. Para mí significó volver al mismo estilo de vida de Estados Unidos, pero se añadía el cuidado de un segundo bebé y otra familia distinta.

Fue un tiempo de mucha inestabilidad. Nos mudamos en muchas ocasiones. Vivíamos en una casa de madera, pero luego llegamos a vivir en una casa que no tenía ni ventanas.

Por las circunstancias de vida precaria que teníamos nos permitieron ingresar al programa federal de vivienda pública, Plan 8. Las casas en las que vivimos estaban en mejores condiciones, pero eso no significaba estabilidad, ya que no vivíamos más de dos años en ellas. Viví en varios sectores del pueblo. Desde la montaña hasta el centro.

Tuve todo tipo de mascotas: cabritos, guimos, pero sobretodo perros. Teníamos muchos perros que criábamos. Semanalmente me tocaba alimentarlos y limpiar sus desechos. Luego tenía que ayudar

Resiliencia

a venderlos debajo de un puente o en algún bazar de la isla. Muchos de mis compañeros de escuela me veían y luego se burlaban de mí al ladrarme y reírse cuando yo les pasaba por el lado.

Curiosamente, de esta etapa aprendí a adaptarme a diferentes entornos y a interactuar con gente de distintas personalidades. También aprendí a vender por mi cuenta y a no tenerle miedo a ningún tipo de trabajo, incluso si tenía que ver con desechos. De todo lo aprendido, lo que más me impactó es cómo mi mente infantil pudo comprender la diferencia entre vivir y sobrevivir.

¿Cómo fue tu infancia?

¿Tienes una o varias personas que te marcaron e influyeron positivamente?

¿Tienes una o varias personas que por el contrario te marcaron o influyeron negativamente?

¿Qué batallas viviste?

¿Qué aprendiste de éstas?

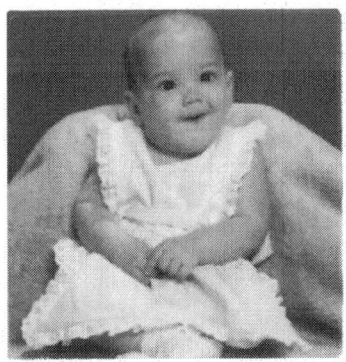

Foto enviada a mi abuela y tías antes de ser enviada a Puerto Rico.

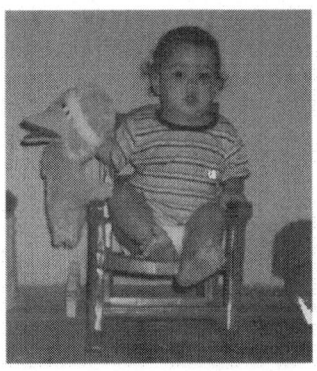

Foto tomada en Puerto Rico, cuando fui enviada a que me criaran antes de cumplir 1 año.

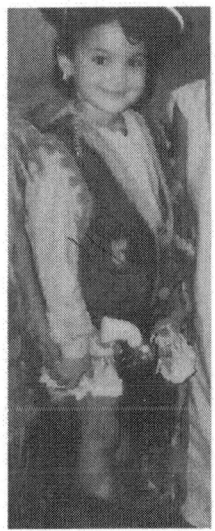

Actividades de Kindergarden en Puerto Rico, cuando mi abuela y tías me criaban.

RESILIENCIA

Con mi "Mamita Peachy" cuando jugábamos que yo era Selena, en Houston Texas.

Cuando regresé de Houston, TX a Puerto Rico.

Capítulo 2:

Adolescente, Rebelde Con Causa

En los inicios de mi adolescencia, seguía experimentando mucha inestabilidad. Volví a visitar a la otra persona y a su familia, pero esta vez en otra casa y en otro estado. Luego de un tiempo, ya de vuelta a mi residencia en la isla, recibí una llamada suya para informarme que otra vez estaba en la cárcel. Durante este tiempo, nos comunicamos con regularidad mediante cartas o llamadas. Tuvimos más comunicación que nunca, recibí muchas promesas e ilusiones de construir momentos familiares, los cuales nunca se materializaron.

Cuando estaba en escuela intermedia comencé a buscar amor entre mis amigos. Los patrones de abuso por parte de la persona encargada ahora añadían manipulaciones o maltratos que involucraban a terceros adolescentes. Yo me refugiaba en la música, tanto escuchándola como componiendo canciones, también leía el libro "Sopa de pollo para el alma" y visitaba la iglesia.

Un día, la persona decidió que no volvería a congregarme más. Ese día, me rasuró las cejas de forma delgada, me maquilló y me vistió como una prostituta, luego me agredió e insultó. Mi tía Marilyn llegó durante esta incómoda escena y, como tantas veces, trató de interceder para defenderme y cuidarme.

Durante esa etapa de mi vida experimenté mucho maltrato, recibía insultos con palabras denigrantes, humillaciones en público, torturas, palizas con objetos, puños y hasta rasguños en el rostro, lo cual todos podían ver, pero nadie hacía nada.

Con regularidad era estrellada en alguna pared o piso, en privado o en público. Llegaba a la escuela con rasguños o moretones, pero nadie se atrevía a enfrentar a mi victimaria, pues se sentían intimidados o poco interesados en meterse en problemas de terceros.

Una vez, estaba bañándome en la ducha y, de forma sorpresiva, fui agredida por todo el cuerpo mojado con un gancho (percha) de plástico para la ropa. Esta vez, la razón de la paliza era, por hablar por teléfono con un amigo, sin su autorización. El ardor y el dolor que sentí eran tan fuertes que me hicieron pensar en los latigazos que le dieron a Jesús antes de crucificarlo, según escuché en las escuelas bíblicas.

En otra ocasión, al salir de la escuela fui sentada en un hormiguero y cientos de hormigas bravas me picaron mis partes íntimas. No recuerdo que hubo razón alguna, sólo ser humillada frente a mis amigos de la escuela, como ya era costumbre.

Una vez, trataron de meter uno de mis brazos dentro de un cubo lleno de cangrejos, intenté defenderme gritando y forcejeando con todas mis fuerzas, y por resistirme recibí una paliza. Sobrevivía mis días con mucho miedo e incertidumbre, pensando qué maltrato recibiría ese día. Cuando escuchaba que me gritaban: ¡Estefanía, ven acá! ¡Estefanía!, sabía que estaría a punto de recibir algún ataque físico o verbal.

Cuando estaba a solas, mis vecinos me mostraban su empatía, me daban consuelo, pero no se atrevían a denunciar el maltrato.

Quienes intentaron salvarme en varias ocasiones fueron mi abuela y mis tías, pero yo estaba tan sumergida en manipulaciones, intimidación y hasta ilusiones rotas que no hacía nada para salir del patrón de maltrato, de una vez por todas. Varios policías, trabajadores sociales y consejeros nos conocían debido a estos problemas.

Resiliencia

En algunas ocasiones, vi el suicidio como una puerta de salida. En una, intenté suicidarme tomando muchas pastillas mezcladas y en otra, traté de cortarme las venas con un vidrio, pero una voz dentro de mí no me permitió seguir. Terminaba esos intentos de suicidio llorando con dolor en mi alma, con tristeza profunda y orando hasta quedarme dormida. Esa voz me decía que todo eso se acabaría y que yo haría cosas grandes.

Quería terminar con mi miserable vida, pues me sentía en un infierno y nada de lo que yo hacía podía parar el patrón de maltrato en el que vivía. Cumplía con mis responsabilidades de cuidadora de los niños del hogar, hacía labores de limpieza doméstica, ayudaba a vender en los bazares, traía honores académicos, dinero de las becas escolares, pero nada de eso lograba salvarme.

Tampoco podía parar el patrón de maltrato siendo amorosa, sumisa u obediente. Ni siquiera la intervención policiaca o de servicios sociales solucionaban mi problema. De hecho, estas visitas nunca llegaban a mayores, porque esta persona lograba convencerlos de que yo era una joven rebelde o me convencía de que desestimara las denuncias, que nunca más me maltrataría; promesas que nunca cumplió.

Para ese tiempo, ya no visitaba la iglesia, aunque siempre guardaba una relación en la que hablaba con el Dios que de niña conocí. Comencé a transformarme de niña dulce, cariñosa, alegre y sumisa a una adolescente intolerante a cualquier maltrato, agresiva con quienes me intentaban hacer daño y explosiva al primer indicio que me hiciera sentir amenazada, incluso con la persona a quien comencé a enfrentar verbal y físicamente.

Seguía refugiándome en la oración, en los estudios, la música y el baile. Y siendo una adolescente rebelde con causa, llegué a la escuela superior.

En décimo grado yo era de los recién llegados "prepas" y hubo una convocatoria para el "talent show" del año. Cuando ví el anuncio me despertó mucha ilusión, pues eso representaba volver a esos tiempos alegres en el que mi "mamita Peachy" me montaba un espectáculo casero para ser Selena o los momentos en que escapaba de mi oscura realidad bailando o cantando.

Acudí a la reunión del grupo de interesados y cuando expresé que imitaría a Shakira, recibí expresiones retantes de otros para intimidarme. Yo, por el contrario, me quedé muy tranquila y no le vi importancia, no me sentí amenazada, pues a peores amenazas había estado expuesta y un tanto acostumbrada.

Mi propósito de participar en el festival de talento no era competir, sino revivir y tener un escape de la mala vida que tenía en mi hogar.

Por otro lado, tuve el acercamiento de otro grupo de compañeras, quienes querían que yo fuera una de sus modelos para el fashion show que harían. Yo nunca había modelado ni me había interesado hacerlo, pero las sentí tan interesadas que acepté. Entonces, no sólo imitaría a Shakira, sino que también modelaría.

Sorpresivamente, la persona me apoyó en todo lo relacionado al festival de talento. Su apoyo me ilusionó, me hizo sentir apreciada. Al fin sentía que podíamos tener una relación saludable, positiva, con amor y cuidado recíproco.

Ella nos ayudó a coordinar el vestuario y con sus propias manos construyó una escenografía. Mientras tanto, con mucha pasión, me encargué de diseñar la coreografía y la mezcla de canciones que quería usar para mi "show". Todo el proceso me salió de una forma innata y fluida. Sentía que había nacido para hacer eso, pues me daba muchísima emoción y buena energía el crear.

Llegó el día del "Talent Show" y estaba muy emocionada. Todos los detalles estaban cubiertos: coreografía, vestuarios, maquillajes, peinados, extensiones, "roundown" de las canciones, escenografía, entusiasmo y hasta hice una oración a Dios antes de comenzar.

Primero modelé dos cambios de ropa por la pasarela improvisada en la cancha y a pesar de los nervios me sentí como si fuera algo natural, exponerme a cientos de personas que incluía a los estudiantes, maestros y familiares de la comunidad escolar. Me lo viví y lo disfruté, pero lo más que me ilusionaba era mi próxima presentación.

Llegó el momento, apagaron las luces, encendieron la música de tango y se prendió el "spotlight" (foco de luz) hacia mi parejo y yo. Allí lanzamos unos pasos básicos de tango, luego comenzó el rock y me quedé sola cantando "Te aviso y te anuncio". Esta canción que me hacía sentir tan identificada con lo que vivía:

"Nunca pensé que doliera el amor así,
cuando se entierra en el medio de un no
y un sí.
Es un día ella y otro día yo
me estás dejando sin corazón
y cero de razón.
Ay, te aviso y te anuncio que hoy renuncio
a tus negocios sucios.
Ya sabes que estoy de ti vacunada
a prueba de patadas.
Por ti me quedé como Mona Lisa
sin llanto y sin sonrisa.
Que el cielo y tu madre cuiden de ti.
Me voy, será mejor así".

RESILIENCIA

Luego se apagó el "spotlight" y la música. La audiencia pensó que ahí acababa mi presentación y aplaudieron, pero en unos segundos volvió todo a encenderse e hice una transición a la canción de aquel momento: "Suerte". Me había cambiado la camisa y ahora tenía un bustier con pedrería brillante y un pantalón de cuero que ajustaba mis caderas, las cuales comencé a mover en forma de 8 y al son de la música.

El público aplaudió y gritó aún más fuerte, pero les volvimos a apagar todo y sorpresivamente cambiaron los colores de las luces, apareció la escenografía de los camellos al fondo, y sonó la tercera canción con ritmos árabes: "Ojos Así".

Entonces, entraron las cuatro bailarinas con sus vestuarios de "bellydancers" y velos coloridos, salí del centro con una falda de monedas dando mis mejores movimientos de cadera, entregada en cuerpo y alma a la música. Recuerdo que en ese momento sentí como una magia que se apoderó de todo mi ser y no podía dejar de manifestar el disfrute que estaba experimentando. No escuchaba al público, mucho menos los veía, cuando terminé y abrí mis ojos, volví a la realidad. Sentía que la tarima se quería caer por la vibración, los gritos, aplausos y la euforia de todo el público. Sólo pude bajar la cabeza, rendida de agradecimiento.

Esa noche viví uno de los momentos más felices de mi vida, en el tiempo que más lo necesitaba.

Terminaron las demás presentaciones y llegó el momento de las premiaciones. Repito, no era mi mayor interés ganar, no fue lo que me motivó a participar. Estaba sentada, descansando, con bajas expectativas, pero satisfecha de la experiencia.

Entonces, sorpresivamente escuchamos el anuncio: "Primer lugar: Stephanie de décimo grado como Shakira". Yo quedé incrédula y mi grupo me empujaba a la tarima para que recogiera el premio. Recuerdo que no reaccioné muy eufórica ni emocionada, pues estaba como en un "shock".

Casi al finalizar las premiaciones llegó el momento de entregar un premio especial: "Presentación favorita del público: Stephanie de décimo grado como Shakira". El público volvió a celebrarme y yo sólo agradecía, me sentía en deuda con todos aquellos desconocidos que me hicieron sentir tan valorada y apreciada; así fuera temporeramente sólo por conocer esos talentos escondidos que yo les había compartido.

Antes de terminar la noche, uno de los encargados de producir el Festival de Talento de mi pueblo nos hizo un acercamiento (a mi grupo de baile) para participar y tener la oportunidad de ganar un premio económico.

También, el líder de un grupo de baile de una universidad pública del país me invitó a unirme a su grupo para participar en competencias profesionales a nivel isla. Además, del grupo de modelaje me invitaron a trabajar en promociones, donde ganaría buen dinero.

Esa noche marcó un cambio en mi vida, recibí reconocimiento, aplausos, descubrí que hice varias actividades que me apasionaban, no estaba siendo señalada por nada negativo, era un momento de felicidad y de realización para mí, como joven. Pasé de ser una prepa desconocida a la popular Stephanie "Shakira".

También en este tiempo me uní al grupo de ballet folklórico de mi pueblo con quienes me presenté en espectáculos y actividades frente a grandes audiencias.

Entonces, se sumaron enemigas que yo desconocía y sin yo hacerles ningún tipo de daño la tomaron en mi contra. Por otro lado, se sumaron amistades y simpatizantes, sobretodo del género opuesto.

En ocasiones, cuando caminaba por los pasillos de la escuela sentía todos los ojos puestos en mí, lo que me daba vergüenza. Recibía comentarios de halagos y sonrisas, pero también burlas y miradas amenazadoras de otras chicas. Sin embargo, la dosis de atención y aprecio que recibía eran suficientes para subir mi autoestima lo que era contrario en mi hogar.

En escuela superior también descubrí que haber sido víctima de maltrato por tantos años me hizo intolerante, no podía ver ningún estudiante hacerle daño a otro. Si veía algún abuso salía en defensa de quienes eran víctimas al igual que yo.

Detestaba todos los que me recordaban a mi victimaria y quería proteger a jóvenes inocentes, en quienes me reflejaba. Esto provocó que tuviera varias sesiones de peleas en la escuela, las que me llevaron a estar suspendida varias veces.

Una de cal y otra de arena. Stephanie ya no sólo era famosa por su presentación artística de Shakira, sino también por los espectáculos de enfrentamientos verbales o físicos que dio en repetidas ocasiones.

Llegué a undécimo grado y ya no pertenecía al grupo de alto promedio. Aun así, me seguía encantando la escuela, era el lugar donde me manifestaba en actividades que me daban esperanza y alegría. Música, dramas, lecturas, presentaciones orales, bailes, modelaje, economía doméstica, biología, sociología, dibujo técnico y educación física eran mis actividades y materias favoritas.

Adicional a las materias comunes, aprendí a coser, a jugar ajedrez, a bailar salsa, a tocar flauta y piano, a cocinar postres, e incluso abrimos con un bisturí a un feto cerdo.

Resiliencia

Desayunar y almorzar en el comedor eran unos mis momentos favoritos, ya que disfrutaba de una comida completa caliente que acompañaba con una chocolatina fría... a veces dos. Cosas que faltaba cuando estaba fuera de la escuela.

Mi rebeldía y mi estilo de vida en el hogar no fue excusa para no aprovechar la escuela o perder el interés en educarme, fue todo lo contrario. Estaba clara que era la única forma que tenía de darme amor propio y esperanza para un futuro independiente y mejor. Era lo que de niña mi abuela y tías me decían.

Volví a participar en otro "talent show" y se repitió la dinámica creativa, sólo que como Jennifer López. Mis compañeros ahora me llamaban "JLO". La realidad es que me divertí mucho con mis amistades de la escuela, para mí se convirtieron en mi familia y los quería muchísimo.

***

¿Pasaste por rebeldía en tu adolescencia?

¿Qué actividades hacías que te apasionaban y te permitían manifestarte positivamente?

¿Enfrentaste alguna batalla?

¿Cómo la manejaste y qué resultado obtuviste?

STEPHANIE LI

Foto de noveno grado.

Foto de escuela superior.

Fotos del "Talent Show" donde presentamos imitación de Jennifer López.

Capítulo 3:

Independencia Precoz

De vuelta a la triste realidad en la casa... Una noche, tuve un enfrentamiento violento con la persona encargada, pero este fue distinto a los que usualmente sucedían. Ya había llegado al tope de mi capacidad para tolerar o aguantar tanto abuso. Ya tenía claro que ser maltratada no era la única opción que existía.

Me amenazaron con echarme a la calle y yo decidí marcharme para nunca más volver. Sentí una fuerza que nunca había experimentado, la ilusión de tener mi propia familia, construir la vida que desesperadamente necesitaba y pensaba que merecía.

Recuerdo que era una noche oscura, corrí descalza y rabiosa una milla aproximadamente hasta que llegué a un teléfono público en la vía principal para llamar a quien era mi novio en ese entonces. Rápidamente subí al techo de un edificio en el que veía a la persona buscándome de un lado a otro, como un cazador busca a su presa.

Tenía 16 años y era la primera vez que me sentía empoderada, vencedora por haber tomado una decisión tan importante. ¡No iba a aceptar ni un abuso más!

Obviamente, luego de ese incidente, la persona intentó hacerme regresar al círculo del maltrato con manipulaciones y falsas promesas de que nunca más se me maltrataría.

Antes hubieran funcionado, pero yo estaba en un punto sin regreso. Si no había sucedido en los últimos años, ¿por qué sucedería esa ocasión? Usé la lógica por encima del débil corazón. Mantuve firme mi decisión e hice lo que tenía que haber hecho mucho antes, tener tanto amor propio como para no exponerme más a lo que me estuvo dañando por tanto tiempo.

Por otro lado, la abuela de mi ex novio me brindó su protección, le hizo frente a esa persona y no le permitió manipularme más. Me fui sin zapatos, sin ropa, sin nada material pero estaba llena de fuerza, firmeza y dignidad.

Cuando las personas en mi entorno supieron que me había marchado de aquel hogar, me rechazaron e incluso a algunas de mis amigas les prohibieron relacionarse conmigo. Me daban la reputación de mala influencia y conducta de libertinaje. Esta reacción me hizo aún más rebelde, pues sentía que era muy injusto.

Tenía tantas preguntas sin respuestas. ¿Por qué nadie hizo algo para detener el maltrato que muchos presenciaron? ¿Por qué nadie intentó salvarme? ¿Por qué cuando decidí hacerlo por mi cuenta tampoco cooperaron y por el contrario, tomaron acciones en mi contra? ¿Era libertinaje renunciar a vivir sometida a aquél infierno lleno de violencia y maltrato de todo tipo? ¡Ellos lo vieron! Fueron muy pocos los que se acercaron a ofrecerme ayuda y apoyo.

Siempre supe que muchos se sentían intimidados por mi victimaria, pero jamás pensé que de eso pasarían a ser cómplices del patrón de mala vida que tuve por muchos años. En ese momento experimenté la frase popular: ¡del árbol caído hacen leña!

Durante esa etapa la otra persona, que casi siempre brillaba por su ausencia, volvió aparecer y compartí con él cuando vino a Puerto Rico. Recuerdo que su visita estuvo llena de excesos y lujos, desde hospedarnos en villas frente al mar, hasta derroche de dinero en restaurantes y experiencias de entretenimiento que yo sólo veía en las películas. Era irónico. ¿Cómo gastaba tanto dinero si precisamente esa era la excusa para no aportar en mi crianza durante todos esos años?

Ese mismo año, perdí la protección de la abuela de mi ex novio, pues ella falleció a causa de cáncer de páncreas. No imaginas cuánto amé y cuidé, con profundo agradecimiento, a esta señora. La cuidé hasta el último día como si fuera mi propia abuela. Ella fue otra heroína en mi vida.

Con mucho dolor, vi cómo pasó de ser una mujer fuerte y valiente a una frágil, extremadamente delgada y amarilla que dependía completamente de nosotros.

Con su muerte vino el deterioro de mi relación, pues su nieto era muy joven aún y sus metas no eran formar una familia conmigo, sino ganar dinero para su apariencia y el carro, salir a divertirse sin responsabilidades ni compromisos de relación formal con una adolescente.

Otra vez, mi alma se desgarró al enfrentarme a la realidad. Yo sólo anhelaba ser amada, protegida y construir una familia. Mi ilusa expectativa de llenar vacíos a manos de segundas o terceras personas se esfumó.

De nuevo quedé sin hogar y en esta ocasión me refugié temporeramente, en casas de familiares o conocidos de la comunidad donde duraba poco, pues siempre me sentía que estorbaba o les invadía su privacidad. Sin embargo, no imaginé lo próximo que me tocaría vivir.

Resiliencia

En medio de la oscuridad, mientras yo dormía en un sofá me tocaron mis partes íntimas de forma agresiva y desperté aterrorizada. Me sentí paralizada, avergonzada y ofendida. A la mañana siguiente, no encontraba cómo quedarme allí, tenía miedo de expresar lo que había sucedido, pues no quería causar problemas a quienes me habían prestado su techo. Ese mismo día me marché. Mientras ahorraba para mudarme sola, continué quedándome en hogares donde me albergaban.

En mi último año de escuela superior (a los 17 años) continué trabajando en promociones, ya que los horarios eran flexibles y bien pagados. Trabajé en restaurantes como anfitriona, mesera y bartender. En mis vacaciones generaba $400 semanales con lo que podía mantener mi propio hogar, pero cuando volvía la temporada escolar mis ingresos no llegaban a $100 semanales. Además de esto, comencé a experimentar mis primeras actividades empresariales produciendo pequeños eventos para recaudar fondos para la clase graduanda. De forma fluida, producía eventos pequeños y coordinaba toda la estrategia y el manejo.

Cuando llegó el día de la graduación fue como un un "déjà vu" de la de Kindergarden. Nuevamente estaba rodeada de mis compañeros con sus respectivas familias y yo sin una propia. Esta vez me celebré a mí misma. Estaba feliz de culminar mis estudios a pesar de todas las tormentas y batallas que pasé. Fue un capítulo de mi vida muy retante, lleno de cambios, desaprendizaje, aprendizaje, finalización de patrones destructivos y sueños ilusos.

El día de mi graduación recuerdo que vestí un traje blanco con una correa metálica y zapatos que pinté con spray dorado pues mi presupuesto no daba para comprar los que encontraba en las tiendas. Durante todo el día mis pies se manchaban de pintura dorada derretida lo cual hoy recuerdo con risa, aun así, hoy día me sigo poniendo creativa a la hora de suplir necesidades. Por ejemplo, hice la misma actividad creativa para las fotos de este libro. ¡Otra confesión!

En este tiempo tomé más fuerzas para autorrealizarme y progresar. Había temporadas que económicamente podía defenderme más que otras. En las que no, tuve que recurrir a solicitar ayuda económica del gobierno, ya que llegue a pasar hambre. Comía lo que aparecía, una lata de espaguetis o una sopa de fideos, por ejemplo.

Por ignorancia, comencé a tomar decisiones erróneas en contra de mi amor propio, pensando que estaba abrazando mi feminismo y desquitándome de todos los que me habían herido.

Yo quería demostrarle a todos lo que podía lograr sola. Entonces la necesidad me hizo acceder a trabajar con ropa sensual para promover y vender alcohol. Trabajé como bartender y modelo de promociones para algunas marcas dirigidas hacia hombres. Estuve de acuerdo en participar de vídeos musicales con algunas líricas explícitas de sexo. Yo no lo veía como algo malo, pues pensaba que el sexo es algo normal y además los videos se hacían en un ambiente divertido, lo que hacíamos era actuar.

Nunca me faltaron el respeto y yo me daba mi lugar entre los hombres que me rodeaban aunque estuviera en traje de baño (poca ropa), fueran artistas, productores o empresarios. También participé en periódicos, donde vendían a mujeres como bombones que compras en cualquier esquina. De ahí, pasé a trabajar detrás de cámara como asistente de producción de comerciales.

Fui superándome como a cuenta gotas. Comprendiendo todo mi ambiente desde una perspectiva más abierta. Hoy lo recuerdo como una etapa en la que los días pasaban lentamente.

Tal vez, la misma necesidad de sobrevivir y mantenerme hizo que le diera prioridad a trabajar por largas horas para tener más dinero. Tal vez, mis vacíos, heridas y soledad me hicieron bajar los estándares de las personas con las que me relacioné, las parejas que tuve, y el entorno al que me expuse. Tal vez, el querer sentirme amada me hizo amar a otros más que a mí, al punto de dejarme usar y no darme valor.

Era una adolescente rota, rebelde y con muchas heridas que aún dolían. Era difícil, que por mi cuenta, sin modelos a seguir, tomara decisiones sabias.

Recuerdo que en este tiempo yo me sentía muy identificada con la canción "Niña" de la Quinta Estación:

"Hay una niña sola en su habitación jugando con el aire
y su imaginación. No comparte tesoros ni tampoco secretos.
Su universo es grande más que el mundo entero.

Ella ríe sin saber por qué, ella habla sin saber por qué,
ella mira a su alrededor y no ve más que dolor.

Niña que va ser de ti sin sueños que cumplir
con tu vida no querrás seguir.
Niña que va ser de ti sin sueños que cumplir con tu vida no querrás seguir.

Cien noches de lágrimas y de fría oscuridad el calor más cercano era el de la soledad tiene tanto miedo a que puedan entrar en su frágil burbuja de irrealidad".

Me alejé muchísimo de la niña que ponía su espiritualidad como prioridad e inconscientemente me acerqué más a lo que había estado huyendo. Ya no había otra persona maltratándome físicamente, ahora era yo quien me hacía daño, no me cuidaba y me exponía a estar en lugares equivocados, con la gente equivocada. Fue tanto el peligro al que me expuse que increíblemente sobreviví a más de tres balaceras.

Dos de estas fueron en los negocios de entretenimiento nocturno que trabajé, otro fue en el barrio donde viví. En todos respondía de forma automática al buscar cubrirme en el suelo y gatear hasta alejarme lo más que podía del suceso.

Ahora era yo la que me maltrataba amaneciéndome trabajando como bartender o "jangueando" hasta que salía el sol. Luego, era imposible dar el máximo en mis estudios universitarios. Mi verdadero sueño era estudiar para ser comunicadora y empresaria, lo que desde niña soñé pero lo estaba alejando.

A pesar de vivir esta etapa de crisis en mi adolescencia, no siento que fue la más oscura. Más bien, fue el tiempo cuando comencé a ver destellos de luz en el túnel que por años estuve metida, pues nada superaba el fondo en el que había estado los años anteriores.

Para hacer mis diligencias o para estudiar tenía que ir caminando, en transportación pública o con la ayuda de algunas personas a quienes recuerdo con mucho cariño. Otras conocidas me pasaban por el lado en auto y no me ofrecían ayuda. Al principio, eso me daba tristeza y vergüenza, pero luego transformé esos sentimientos en motivación para progresar.

Comencé a buscar todas las oportunidades que podía para trabajar, ganar y ahorrar dinero. Llegué a pedir a la otra persona que me ayudara a comprar un carro usado y barato como herramienta para salir de la crisis en la que me encontraba, pero la aportación nunca llegó.

Pasé varios meses viviendo en casa de familiares, hasta que pude ahorrar y rentar mi primer estudio en los altos de una gomera (tienda de llantas para autos) en el barrio. Allí estuve viviendo un año y medio hasta que logré ahorrar $2,000 para el pronto de mi primer carro.

Cuando fui a comprarlo me encontré con una desagradable sorpresa. Me enteré de que estaban usando mi seguro social para cometer fraude. ¡Tenían deudas de más de $20,000! ¡Sin saberlo, ya tenía deudas que no eran mías! ¿Lo peor? Por la dirección residencial pude descubrir que había sido la otra persona quien robó mi identidad, algo que jamás imaginé. A parte de no construirme, hacía cosas para destruirme. Hoy en día sigo batallando con situaciones similares.

Esta situación me atrasó algunos meses, tuve que probarle a las casas acreditadoras que yo era víctima de robo de identidad. Con la

Resiliencia

ayuda de mi abuela pude emanciparme y resolver exitosamente este problema; finalmente pude financiar la compra de mi primer carro usado. Entonces, comencé desde cero con esa primera experiencia de crédito y tenía mucho celo, prometí que nadie más lo dañaría y solicité un bloqueo de protección en mi seguro social.

* * *

¿Has experimentado alguna(s) situación(nes) donde te has sentido con tanta rabia que te ha dado poder para tomar acción?

¿Has tomado acciones para retar a otros que te han hecho daño a ti?

¿Estás independizada(o)?

¿Cómo se dio el proceso?

¿Contaste con el apoyo de otras personas o lo lograste sola(o)?

¿Qué ganaste de esas experiencias?

STEPHANIE LI

Trabajando en restaurante como bartender y animando karaoke.

Trabajando en promociones y modelando para revista de motoras.

Capítulo 4:

Amor Incrédulo vs. Amor Perseverante

Cuando tenía 19 años conocí a un hombre que para mí parecía a Ken, el novio de la muñeca Barbie. Esto fue en uno de mis trabajos para el cual tenía que visitar la plaza del mercado de un pueblo vecino. En ese lugar conocí a mucha gente. Una noche me encontré con una clienta que yo había asistido en otra barra, esperaba a un amigo que, según ella le llovían las mujeres, pero él supuestamente tenía pareja. Cuando llegó me lo presentó, pero a mí no me parecía nada extraordinario. No eran mis gustos, según yo.

Pasaron algunas semanas y yo seguía viendo a "Ken" en el negocio donde yo trabajaba, pero solo, sin pareja. Había resultado ser primo de mi jefe. Yo no simpatizaba con él, apenas lo atendía. Para mí tenía la etiqueta de ser un creído y perseguido por demasiadas mujeres.

Así pasaron algunos meses hasta que mi jefe tuvo que viajar a China y me dejó a cargo del negocio, junto a su primo, el Ken. Como parte del trabajo, intercambiamos números de teléfono y no fue hasta la primera jornada que trabajamos juntos cuando hablé cara a cara con él por primera vez.

Contrario a la imagen que ya yo tenía acerca de él, pude ver un rostro angelical con la sonrisa más radiante que mis ojos habían visto. ¡No lo podía creer, fui otra que quedó hipnotizada por el solicitado galán! Rápido me compuse y mantuve mi postura de mujer difícil e independiente, seguido le dije que fuéramos a buscar las cajas de cervezas para llenar las neveras. Él me sorprendió y me dijo que ya las había traído para que yo no pasara el trabajo de cargarlas, porque eran muy pesadas.

¿Encima de tener esa cara con la sonrisa más hermosa que yo había visto, era caballeroso? "Uff, que experiencia tiene en conquistar mujeres", pensé y me mantuve arisca y alerta.

Pasaron varios días y seguimos interactuando hasta que lo conocí más allá de la reputación que tenía por aquella clienta. Sin embargo, nuestra historia no inició como un cuento de hadas. La Stephanie que él conoció era la mujer que fue creada por más heridas que abrazos y por más dolor que amor. Una joven independiente y rebelde con causa, con el deseo de ser comunicadora y emprendedora. Pero que mientras lo lograba se le iba la vida sobreviviendo, haciendo dinero como bartender, modelo de promociones, vídeos musicales y revistas. Superficialmente parecíamos ser el ejemplo idóneo de los polos opuestos que se atraen, pero en esencia conectamos de forma compatible.

Cuando comenzamos la relación, él tenía la ilusión de un compromiso serio, formar una familia y una vida juntos. Yo, por el contrario, luego de todo lo que había vivido y fallado en el intento de alcanzar esa misma ilusión, era una incrédula resentida, arisca, egoísta y me negaba a abrir mi corazón al amor y a un compromiso serio. Ciertamente, muy dentro de mí quedaba ese genuino deseo y la esencia de la niña que era, sólo tenía una coraza cubriendo lo mejor de mí.

Recuerdo, en nuestros primeros meses de conocernos, él me demostraba mucho interés y atención. Yo, por el contrario, le expresaba que no quería un compromiso serio, que me diera espacio; de cierta forma lo alejaba y rechazaba con excusas que yo creía eran feministas. "No quiero tener un hombre a mi lado diciéndome lo que tengo que hacer o no hacer". "No me interesa tener una relación seria ni mucho menos casarme o tener hijos". "Si me caso será después de los treinta años y no creo que tenga hijos para vengan al mundo a sufrir". Puse en práctica las recomendaciones del libro: "Porque los hombres aman a las cabronas".

Al cabo de otros meses, Harold siguió ganando terreno con mucha paciencia, amor y una inocencia a la que yo estaba muy incrédula. En múltiples ocasiones le expresaba que no creía que él fuera tan bueno, qué cuándo iba a quitarse la máscara y mostrarme su lado negativo.

En fin, siempre tenía dudas e inseguridades, pero realmente él no me daba razón para dudar. Yo tenía muchas cosas que sanar para poder confiar y una malicia de desconfiar que la calle me había insertado en la mente.

Entre esa batalla que había dentro de mí, tomé la decisión de ingresar al US ARMY RESERVE ya que el estilo de vida en los trabajos nocturnos me drenaba y le restaba mucho a mi carrera universitaria. Sabía que me alejaría de Harold, pero me tenía a mí como prioridad, antes que cualquier relación.

Me marché convencida de que, si él era el verdadero amor para mí, la distancia no sería razón para que ese amor muriera. Honestamente, Harold me sensibilizó el corazón poco a poco, me enamoró con guante de seda. Sin embargo, mis temores de volver a salir herida y las inseguridades de volver a sentirme defraudada me hicieron alejarme y poner a prueba este amor que había llegado cuando menos lo quería, cuando menos lo estaba buscando, pero cuando realmente lo necesitaba.

Resiliencia

* * *

¿Te has cerrado al amor de familiares, amigos o pareja rechazándolos?

¿Has conocido a alguien que te parece demasiado bueno para ser cierto y que incluso **no** te llama la atención?

¿Te falta amor propio para luego poder amar a otros?

Por el contrario...

¿Buscas llenar vacíos en las relaciones con otras personas?

Capítulo 5:

Guerrera Militar

Mi ingreso al US ARMY RESERVE fue otro suceso que no tenía planificado, pero la vida me llevó por ese camino. Una batalla que la vida me llevó a elegir. Sabía la mala calidad de vida que llevaba, tenía F de promedio en la universidad y mi matrícula para el próximo año se vio amenazada. Llegar a este punto fue inaceptable, pues siempre había sido estudiante con honores, dedicada a mis estudios, pero sobretodo apasionada con mi sueño de ser comunicadora y empresaria.

¿Por qué estaba fracasando? Estaba de camino a mi sueño, pertenecía al grupo de baile y coro de la universidad. No comprendía qué me sucedía. El sentido de urgencia se apoderó de mí y se mezcló con influencias de militares que tenía a mi alrededor. Sin titubear me fui a tomar el examen de ingreso del (ASVAB) e inesperadamente lo pasé con buena puntuación. En un abrir y cerrar de ojos, ya estaba en la etapa del examen físico y en busca del oficio (MOS) que realizaría dentro de la milicia.

Mi meta era ejercer dentro del campo de las comunicaciones del ejército, pero no quería irme de Puerto Rico. Entonces, con las muelas de atrás, accedí a ingresar en un trabajo de coordinación y manejo de transportación.

Sólo pensaba en los beneficios que obtendría para poder estudiar, el poder servir al país con la defensiva que ya habitaba dentro de mí y cumplir mis verdaderos sueños.

Al llegar no tuve oportunidad de dormir hasta 36 horas después y cuando por fin logré bañarme para acostarme en una de las literas, junto a una decena de mujeres desconocidas, rompí en llanto. Me arrepentí desde la llegada.

Por mi mente pasaron muchas dudas, frustraciones y angustia ante el nuevo camino que me tocaría recorrer. Llegué a pensar que estaba de camino a prepararme para ir a la guerra y morir.

Entre llantos, pensamientos negativos y arrepentimiento me quedé dormida por unas horas. Luego desperté en la madrugada por los gritos de un *drill sargeant*.

Como todo soldado emergente tomé el entrenamiento básico lo que dio un giro de 180 grados a quien yo era. Sentí que pulieron mi carácter y con duras pruebas sacaron lo mejor de mí.

Las primeras lecciones que aprendí y que las hice parte de mis experiencias personales fueron: nunca aceptar derrota ni rendirme y el coraje personal. Otra gran lección fue la del honor e integridad.

Los retos en el entrenamiento básico fueron una aventura que jamás pensé pudiera superar. Levantarme a las 4:30 de la madrugada para entrenamiento físico que incluía correr por las lomas de Ft. Jackson en Carolina del Sur.

Otros ejercicios fueron marchar, primero 6 millas, luego 9; con un bulto de 20 libras en la espalda adicional al rifle, el casco y las botas. Además de escalar una pared de 40 pies de altura, tirar granadas vivas, entrar a un cuarto con gas y tolerar algunos minutos dentro de éste.

Dormir en el bosque por hasta tres semanas sin energía eléctrica ni comodidades; sólo la caseta, comida, ropa y herramientas de acampar. También aprendí a dar primeros auxilios.

Otra gran lección fue la de abrazar y enorgullecerme de ser una mujer capaz de lograr cosas importantes por mi intelecto, habilidades, capacidades y dignidad. Por primera vez en mucho tiempo, despertó en mí el amor y respeto propio desde otra perspectiva más cercana a la verdad.

Fue increíble ver como al principio que llegué hubo, como es natural, choques entre las mujeres. Había mucha competencia y se hacían comentarios acerca de quien tenía mejor cuerpo, mejor cabello, etc. Pero al final del entrenamiento eso se transformó en una gran hermandad.

Ya no importaba la nacionalidad, idioma, preferencia sexual o cultura, mucho menos los atributos físicos, la mayoría ya éramos un equipo (aunque algunas siguieron en la onda competitiva). Generalmente, ya no se competía por llamar la atención de ningún hombre, ni por ser el mejor trofeo ante los ojos de la sociedad.

Ahora la competencia era más sana y sobre cuál corría más rápido, cuál disparaba más asertiva o desempeñaba su liderazgo de mejor forma. Ese tipo de competencia nos hacía un favor, nos daba gasolina para ser lo mejor que pudiéramos, según nuestras capacidades. Puedo decir que esta experiencia me hizo vivir en carne propia, el verdadero feminismo en su máximo esplendor.

Cabe destacar que en estos meses que estuve bajo entrenamiento no hubo una semana que yo no recibiera más de una carta llena de palabras de aliento, amor, apoyo, relatos de cotidianidad y hasta propuesta de matrimonio. Harold, no me soltó y de hecho fue el único (además de un amigo) que se quedó cerca de mí en todo el proceso.

Entonces, las dudas sobre él eran menos, la ilusión de convertirme en su esposa comenzó a despertar en mí. Sobre todo, cuando llegó el día de mi graduación en Ft. Jackson, South Carolina y él estuvo allí. Ese día tuve la graduación más especial de mi vida, por primera vez había alguien más que me amaba celebrándome.

Luego de la graduación, Harold regresó a Puerto Rico y yo fui enviada a Ft. Eustis en Virginia para otro entrenamiento. Y no fue hasta finales de diciembre que pude volver a su lado. Cuando llegué celebramos mis 21 años y ya reconocía que me había transformado en una mejor versión de mí misma.

Gracias a que me uní al US ARMY RESERVE recibí beneficios para estudiar, sufragar mis gastos personales y hasta comenzar a emprender mi microempresa desde casa, a través del Internet.

El ejército también me ayudó a aprender a manejar mis finanzas personales y mis compras. Pude viajar y conocer lugares nuevos, además de mejorar mi inglés, entre otras cosas. Conocí seres humanos excepcionales que sirven a su prójimo por vocación y sin esperar casi nada a cambio. Tuve la oportunidad de servirle a la nación y junto a decenas de personas formar un equipo que cuida

Resiliencia

a la ciudadanía. Aun así, reconozco que no era mi pasión el estilo de vida militar. Di lo mejor de mí para cumplir con mi contrato de 8 años. Luego pude cerrar ese capítulo de mi vida con muchas habilidades de sobrevivencia, pero sobretodo de resiliencia.

* * *

¿Has tomado decisiones de sacrificio para superarte?

¿Qué ganancias obtuviste?

¿Las experimentaste sola(o) o con el apoyo de otras personas?

STEPHANIE LI

El día de mi graduación de entrenamiento básico por 4 meses.

Junto a mi esposo cuando ambos trabajabamos en seguridad pública.

En campamento de tres semanas en bosque de Winsconsin, estando embarazada sin saberlo.

Capítulo 6:

Un Nuevo Camino

En el 2009, Harold y yo nos casamos en una boda sencilla, pero muy emotiva. Casi todos los preparativos fueron hechos por nosotros y nuestros familiares más cercanos. Recuerdo que en el mes de mayo no paraba de llover, yo oraba a Dios para que no lloviera el día de nuestra boda. ¿Y sabes qué? Dios nos regaló el mejor atardecer que hubo ese mes. Así que, frente al mar Atlántico, en una lomita en la costa de San Juan, Puerto Rico, sellamos el inicio de una nueva vida juntos.

Ya casada, retomé mi carrera universitaria en Gerencia de Medios de Comunicación y Mercadeo, seguía trabajando en mis metas, mientras asistía a mis compromisos militares, dentro y fuera de Puerto Rico.

En el 2010, mientras ejercía mis funciones como militar reservista y estudiaba en la Universidad, trabajé en servicio al cliente como operadora en una compañía de celulares. Sin embargo, mi meta era llegar al departamento de mercadeo para poder ejercer mi pasión y trabajar en lo que me estaba educando.

Al mismo tiempo, publiqué mi primer blog por Internet y Facebook fans page llamado RevistaVirtualDiva.com. Se trataba de una revista digital feminista para la cual escribía temas de sexualidad, conquista, moda, belleza, cambios de imagen y también hacía recomendaciones de compras.

Luego de un año, la gerente del departamento me negó la solicitud de permanencia por ser militar (algo que es ilegal) y tener compromisos anuales con el ejército. Ella fue muy indiscreta, me lo informó abruptamente frente de un grupo de compañeros.

Este acontecimiento me indignó mucho, porque yo daba el máximo y tenía muy buenos resultados en las pruebas de calidad que hacía mi líder de grupo, quien precisamente me había recomendado para la permanencia en el trabajo.

Con amor propio, me puse la falda bien puesta y llena de valentía renuncié para comenzar a emprender mi primer negocio en línea desde casa. Como si fuera una respuesta automática de resiliencia usé el coraje y la indignación de aquél rechazo público,

Resiliencia

por mi servicio militar, como combustible para comenzar a construir un autoempleo: ClasificadosParaMujer.com, mi primera plataforma digital comercial.

Comenzar esta plataforma no fue tarea fácil. Estudiaba para completar mi bachillerato y por mi parte aprendía cómo crear mi negocio por Internet en horario fuera de clases. Estudiaba el doble. Además, yo no ganaba mucho dinero, lo cual era un factor influyente, sólo contaba con los beneficios del ejército.

Fue así como el interés, la determinación y pasión me llevaron a ser autodidacta y aprendí todo lo necesario. Pasaba horas buscando información y tutoriales de cómo crear páginas web, principios básicos de programación con HTML, páginas de Facebook, editar imágenes en Photoshop e Illustrator, editar vídeos en iMovie e Internet marketing.

Yo estaba sumergida y enfocada en mi meta de emprender por Internet. Entonces, un día vi que un periódico nacional estaba haciendo un concurso de modelos donde la ganadora se llevaría un premio de $10,000. Sin pensarlo mucho le expresé a mi esposo y allegados sobre esta oportunidad y lo que ganar representaría para mí. Así que me lancé a ver qué pasaba. Estar en traje de baño, posando en una sesión de fotos no era nuevo para mí. Para mí era algo más que ser la "más bella y popular". Yo quería usar esta oportunidad, pero no tomé en cuenta que esto me usaría a mí.

Gané la primera ronda mensual y luego pasé a la final. Ese logro me dio determinación y me enfoqué aún más en el premio. Me sometí a un fuerte entrenamiento físico para mejorar mi cuerpo. Sin darme cuenta, la experiencia del concurso me llevó a las mismas situaciones que enfrentaba cuando trabajaba como modelo de promociones y vídeos musicales. Entonces, en la fase final de la competencia me retiré. ¿Por qué me retiré si estaba tan cerca de ganar $10,000 y tener un trampolín para entrar a los medios de comunicación? No fue por cobarde, mucho menos inseguridad, sino por arrepentimiento.

Las clases que estaba tomando en la Universidad me ayudaron a desaprender lo que había aprendido en la calle, el sexismo. Además de eso, influyó la falta de respeto y valorización que sentí en el proceso de competencia y la gran cantidad de mensajes privados que recibí por Facebook de hombres haciéndome acercamientos inapropiados.

¿Realmente esto me acercaba a mi nueva vida y me alejaba del pasado donde había tenido tantas pérdidas? ¿Me había sacrificado ingresando al ejército y estudiando una carrera universitaria, para volver al mismo lugar del que salí?

Resiliencia

No quería ser un trofeo, un bombón que compras en cualquier esquina y mucho menos una cómplice del sexismo y machismo de ganarme méritos por ser objetizada. Mi misión no era ser famosa en las comunicaciones, sino ser emprendedora y victoriosa en mis pasiones.

Ese mismo año me invitaron a audicionar para otra competencia de una cadena televisiva multinacional y en un programa sabatino gigante en Miami, Florida que de niña había soñado visitar. Lo analicé. Sabía que esta competencia no se trataba solo de mostrar mis atributos físicos o poses sensuales, sino que allí podía demostrar mis talentos de canto y baile. Recordé mis años de escuela superior donde bailaba y cantaba en talent shows escolares y municipales. Sabía que estaba bastante fría por la falta de práctica, pero con valentía, determinación y mucha ilusión me lancé a esta aventura.

Honestamente me sorprendí muchísimo cuando pasé la audición, pues sentí que hice una audición malamente improvisada, solo que mi actitud era muy segura y todo el tiempo proyecté alegría. Al cabo de unos meses me encontraba en Miami, Florida ensayando para la primera presentación (a la que nunca pude llegar) y hasta recibiendo compensación económica. Había estado haciendo una dieta de jugos verdes que me debilitó bastante y no me permitió desempeñarme al máximo.

Al próximo día de mi eliminación fui llevada al aeropuerto para regresarme a Puerto Rico. Creo que esa experiencia me frustró, en lo que a las competencias de talento se refiere y decidí que nunca más me expondría a eso, sino que me enfocaría en mis estudios universitarios, mi carrera militar y mi futura empresa digital. Concluí que el dinero para emprender mi empresa tal vez llegaría con una activación a la guerra.

En los siguientes meses me matriculé en un sin número cursos que había en el ejército, los cuales me educaban en distintas habilidades y/o tareas. Viajé en varias ocasiones y disfruté de enriquecedoras experiencias. Tenía en mente que debía disfrutarme cada etapa de mi viaje mientras llegaba a mi anhelado destino.

Tristemente, durante esos meses de recién casados, mi esposo y yo pasamos por una crisis, en la cual casi terminamos divorciados. Pero gracias a un retiro matrimonial y varias terapias, logramos superarlo. Creo que esta crisis es bien común en muchas parejas recién casadas.

En los primeros años, nuestras personalidades chocaban y en lugar de estar unidos, estábamos desencontrados. Actuábamos individualistas como solteros, no como una pareja unida y comprometida. Aún encima de nuestras ignorancias, errores y desacuerdos el amor ganaba en cualquier batalla. Y el perdón fue

RESILIENCIA

cicatrizando cualquier herida que nos hicimos mutuamente con palabras o acciones ofensivas.

En mis estudios universitarios tomé clases para trabajar en distintas áreas dentro del campo de las comunicaciones, excepto frente a la pantalla de televisión o cine, y tampoco para hablar en radio. Aprendí a escribir guiones para cine, radio o televisión; producción digital básica, diseño gráfico básico, presentaciones efectivas en público, principios de redacción para prensa escrita, conducta del consumidor, ética y legalidades en los medios, desarrollo y administración de una empresa para medios, ventas y mercadeo.

Realicé mi práctica en un departamento federal de mercadeo para soldados y sus familias en Ft. Buchanan que me fascinó, también en una emisora multinacional de radio, donde además me realizaron la primera entrevista como joven emprendedora con el proyecto ClasificadosParaMujer.com

Allí mismo me entrevisté con el presidente, quien me introdujo a su equipo de ventas. Llena de ilusión y entusiasmo, le conté mis metas; ellos me ayudaron a pulir el concepto para convertirme así en La Shoppinista.

Cuando me gradué, ellos me abrieron las puertas y me dieron mi primera oportunidad como colaboradora en sus programas de radio. Específicamente una mujer vendedora fue quien estuvo a mi lado como una madrina de mis metas que cada vez estaban más cerca. Otra mujer empoderada de las que empoderan a otras.

En el 2012, antes de graduarme, me tocó realizar una investigación sobre los recursos que tenían los negocios de mujeres para ofrecer sus productos y servicios. Al culminar esa investigación concluí que los temas sobre moda, apariencia y belleza estaban saturados.

Pero había una gran necesidad de publicaciones sobre compras, superación personal, empoderamiento y progreso. Fue así como se me ocurrió convertirme en una comunicadora especializada en esos temas para beneficio de la audiencia, en su mayoría, femenina.

Ya con mi vida personal más ordenada y balanceada me fui a un entrenamiento militar por tres semanas en un campo de Wisconsin. Mi unidad se preparaba para una activación de más de un año en Afganistán.

Dormí en medio de un bosque, sin energía eléctrica ni comodidades como ya lo había hecho en entrenamientos anteriores. Otra vez marché con bultos muy pesados en la espalda, disparé y me arrastré por el piso. También bailé como un trompo, pues era la forma en la que nos gustaba entretenernos.

Resiliencia

Yo estaba con una extraña obsesión de comer peras y en el comedor les rogaba a mis compañeros que las guardaran para mí. Recuerdo que en esa etapa tuve confrontaciones con algunos compañeros por situaciones que realmente hoy recuerdo como insignificantes. Estaba como sensible, y así, regresé a Puerto Rico.

***

¿Has tenido puertas que se han abierto después de que algunas ventanas se han cerrado?

¿Has tenido que crear tus oportunidades por no encontrar apoyo de otros?

¿Qué ganancia has tenido de esas decisiones?

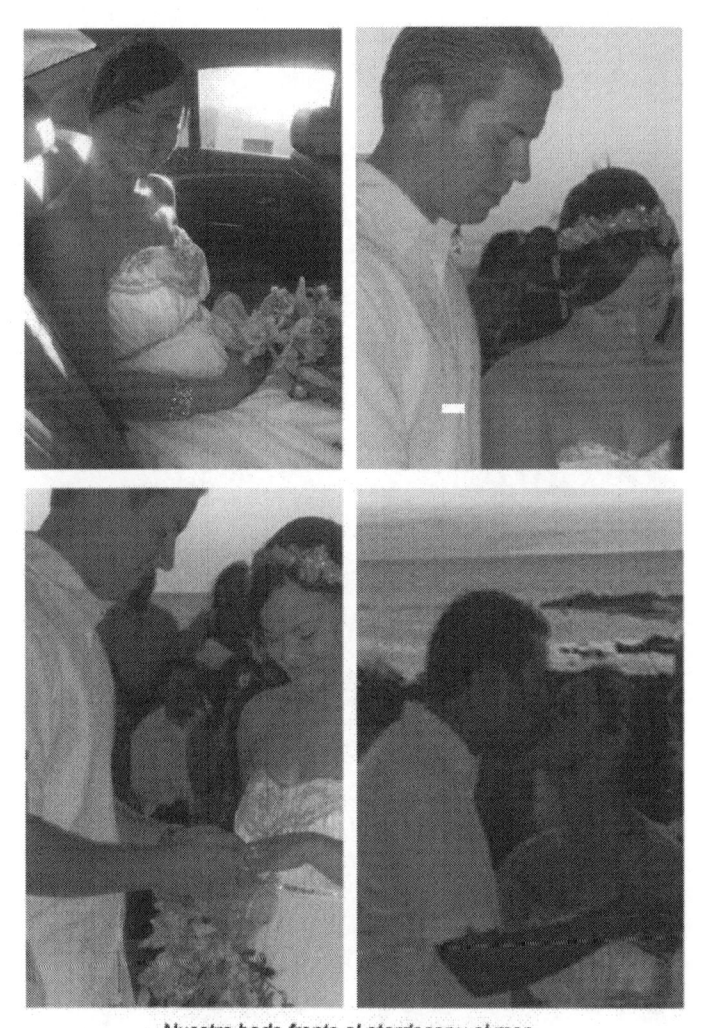

Nuestra boda frente al atardecer y el mar.

RESILIENCIA

El día de mi graduación universitaria, junto a mi esposo.

Cuando participé en la competencia del periódico, para ganar $10,000 e invertirlos en mi página de Internet, si ganaba.

S TEPHANIE L I

Produciendo mis primeros proyectos empresariales por Internet: blogs y vlogs dirigidos a las mujeres latinas.

Capítulo 7:

Mi Primer Amor Maternal

Tan pronto Harold me recogió en el aeropuerto me miró con una extraña y asombrada expresión y me dijo: "Wow Stephanie, que diferente te vez, tienes los ojos bien brillosos". Le conté lo que había estado experimentando y que mis compañeras me molestaban diciéndome que estaba embarazada, pero yo me negaba a creerlo. Harold se reafirmó en las sospechas de mis compañeras y antes de llegar a casa fuimos a una farmacia donde compramos dos pruebas de embarazo.

Tan pronto llegué a mi casa me realicé las pruebas y sí, estaba embarazada. Recuerdo que mi esposo reaccionó como un niño pequeño el día de Navidad, yo aún estaba incrédula.

La realidad es que sí deseaba ser madre, no hacía nada por evitarlo y vivía pensando que Dios me enviaría esa bendición cuando fuera mi tiempo, sólo que no es lo mismo imaginarlo que verlo convertirse en realidad. Aunque incrédula y un tanto en "shock" recibí la noticia con mucha ilusión y amor. ¡Que emoción íbamos a ser padres!

En los primeros días de esta hermosa etapa reafirmé mi deseo de siempre: tener mi propia familia feliz, ser la madre que desde niña anhelé tener, amar y cuidar a mi hija con la mejor versión posible de mí.

Pasé un embarazo muy sano, alegre y llena de cambios positivos. La ilusión crecía como lo hacía mi vientre y nuevamente me inspiré a escribir para cantarle canciones a mi niña. Mi esposo y yo nos unimos más, estábamos intensamente comprometidos. Él no faltaba a mis citas, al igual que mi tía Marilyn.

Simultáneamente, mi nuevo proyecto empresarial al fin despegaba. Mi negocio mejoraba, obteniendo resultados que con ningún otro de los blogs o páginas web. Y ahí estábamos ambos luchando, apoyándonos y dándolo todo para obtener lo mejor para nuestra primogénita, quien era más que bienvenida.

Comencé a sentir la gracia de Dios sobre mi vida. Todo iba encaminado a lo que desde niña había anhelado. Por primera vez sentí el amor de madre incondicional y desprendido, emanar por todo mi ser. Mi propósito de vida tomó nuevo sentido. Despertó en mí un genuino rendimiento a mi ego para aprender a ser mejor humana y amar incondicionalmente más a otra persona, que a mí.

Meditaba sobre mi hija, sabiendo que es un ser humano individual que no me pidió venir al mundo. Por lo tanto, lo mínimo que debo hacer es amarla incondicionalmente, ayudarla a forjarse de herramientas para su caminar, educarla con una mezcla de amor y disciplina firme pero sana, influenciarla con mi mejor ejemplo y vivírmela a diario lo más que pudiera. Prepararla para vivir desde lo más difícil hasta lo más fácil, con la mejor expectativa de la vida, pero lista para enfrentar lo peor de forma resiliente.

La espera de mi niña me dio nuevas fuerzas para continuar con mis metas profesionales, pero también me dio un sentido de urgencia y un impulso inexplicable de llegar más rápido a donde quería estar. Ya me había graduado, había estado colaborando con diferentes medios de comunicación, desarrollando temas de compras y ganado audiencia, pero no estaba generando casi nada de dinero. Demasiadas personas y compañías me pedían mi trabajo gratis o poco compensado.

Una vez más, la necesidad, despertó mi creatividad y saqué la autodidacta en mí para aprender y emprender un nuevo negocio. Así fue como a punto de Fabiola nacer, mi esposo y yo, emprendimos Los Disfrazados Promo, una agencia de repartir promociones, pero completamente disfrazados. Trabajamos en los semáforos, en eventos y comercios. Bajo el sol, llovizna y ninguna comodidad.

Trabajamos muy duro. Inicialmente, mi esposo comenzó disfrazándose y repartiendo hojas sueltas en los semáforos en pleno tráfico de la tarde. Yo me encargaba de mercadearnos, conseguir clientes y vender el servicio. Ambos, reclutábamos empleados y cumplíamos con las operaciones que cualquier negocio legal tiene que cumplir, por más pequeño que sea.

Lo vimos como un proyecto pequeño para generar ingresos adicionales, pero para nuestra sorpresa fue todo un éxito. Logramos conseguir muchos clientes en menos de tres meses.

El exceso de movimiento me ocasionó una disminución de líquido amniótico cuando tenía 35 semanas de gestación, por lo que mi ginecólogo me recomendó quedarme en la cama todo el día sin hacer ningún esfuerzo o de lo contrario tendría que hospitalizarme para evitar un parto prematuro y cesárea.

Ese fue el momento más duro de mi embarazo. Pensar que mi hija estaba en riesgo. A pesar de la angustia me mantuve con fe, lo más optimista que pude y diligente al seguir instrucciones para que mi niña naciera sin riesgos mayores.

RESILIENCIA

¡Qué difícil y eternas se me hicieron esas semanas en total reposo! Me frustraba, porque yo quería ayudar a mi esposo a preparar todo para la llegada de nuestra niña.

Esta situación provocó que yo necesitara ayuda por lo que mi compañera de vida vino a mi casa para asistirme. Recuerdo que estaba muy contenta de tenerla cerca y sentía que la situación nos unía, pero tristemente duró poco.

Tuvimos una confrontación, por un aparente robo de su parte. Le reclamé y ella me agredió en el vientre, esto me provocó romper fuente unas horas más tarde. Harold me llevó rápidamente al hospital, me indujeron el parto que había sido calendarizado para el 4 de abril. Pero luego de doce largas horas nació nuestra primogénita. El 17 de marzo, nació nuestra niña. Mi tan esperada, amada y deseada Fabiola Li.

Cuando el doctor me puso a mi hija en los brazos fue el momento más divino que en mi vida había experimentado. Fue cuando más humana, desprendida, entregada e impresionada me sentí. De los mejores momentos que había vivido hasta entonces, ese pasó a ser el primero.

Estaba viviendo en carne propia lo que por muchos años había soñado, tener mi propia familia y estar rodeada de puro amor. De inmediato, besé a mi hija aún ensangrentada, la pegué a mi pecho y la sostuve mientras me desbordé en un llanto que me salía profundamente del alma. Luego, el doctor y enfermeras la terminaron de limpiar y de inmediato la comencé a lactar. No perdí tiempo en empezar a regalarle las herramientas más importantes que podría heredarle.

En los días que estuve en el hospital recibí la visita de nuestros familiares y amistades. Todos venían a darle la bienvenida a la esperada Fabi que no hacía más que sólo dormir y alimentarse de mí; además de abrumarse en ocasiones con tantos besos y abrazos. Era obsesivo, no podíamos parar.

Todo marchaba bien hasta que nos tocó marcharnos del hospital, Fabiola Li no podría irse con nosotros porque los doctores la encontraron con la bilirrubina bajita, lo que me causó otra angustia maternal. Estaba tan sensible en esos días que el hecho de pensar que mi hija estaría a millas de distancia de mí me rompía el alma con dolor, lágrimas y preocupación. Me tocó armarme de valor y fe para dejarla en el hospital.

Llegamos a casa con los brazos vacíos y aunque sabía que todo era para su bienestar, la nostalgia me tenía con los ánimos decaídos. No quería hacer nada más que dormir para no sentirme como me sentía y que los días pasaran rápido para traer nuestra bebé a casa.

Resiliencia

Por fin llegó el día de buscar a Fabiola Li. Cuando llegamos la encontramos dentro de su incubadora con luces azules y los ojos tapados. Estaba rodeada de muchos bebés en situaciones similares, bajo el cuidado de enfermeras y doctores que para mí son ángeles terrenales. Por fin pudimos llevarnos a nuestra hija en brazos. Estaba desbordaba en agradecimiento con Dios y todo el personal del hospital que dieron lo mejor de sí para mi hija y los demás bebés que se encontraban allí.

Comenzamos una nueva vida familiar juntos, con la llegada de Fabiola Li ya nada era igual que antes. Como personas individuales éramos diferentes, como pareja y como familia también; éramos nuevos en todo.

Nuestro estilo de vida giraba alrededor de Fabiola Li y nos encantaba tanto que el despertarnos cada dos horas en la noche, no era razón para molestarnos. Tampoco cambiar sus pañales, bañarla y cuidarla veinticuatro horas. Lo hacíamos en equipo con tanto amor y anhelo que todo lo sentíamos como una bendición. Aún los desvelos y agotamiento físico. Todo valía la pena.

Entonces, se le acabaron las vacaciones a Harold y tuvo que regresar a trabajar. Eso implicaba que yo tendría que pasar algunas noches sola en nuestro hogar. Estar sola no era mi preocupación, sino el lugar donde vivíamos. Este era bastante peligroso, había negocios nocturnos de bebidas alcohólicas, constantemente se escuchaban balaceras, peleas, choques de vehículos y muchos problemas eran comunes en la avenida que tenía de frente.

Recuerdo que una noche, me encontraba sola en mi cuarto con Fabiola Li a mi lado, dormida en su cunita y de pronto al frente de nuestra ventana se inició un enfrentamiento de balazos. Me paré, agarré a mi hija recién nacida y me tiré al suelo, donde mis codos me hicieron aterrizar sin soltar a la frágil bebé. Comencé a gatear con ella entre mis brazos hasta alejarme de la ventana. Cuando terminaron de disparar mi corazón latía de tal forma que sentía que se me saldría por la boca y se ahogaría en mis lágrimas.

Yo había pasado por sustos de esta índole por los entornos en los que me crié, pero ahora era diferente. Me dio una furia que me provocó repugnancia por el área en la que vivía.

Llamé a mi esposo, le impuse que nos teníamos que mudar a la mayor brevedad posible y que además necesitaba que él cambiara de horario. No me parecía justo que tuviera que irse a proteger a otras familias, mientras que la suya estaba en la boca de los lobos. Harold comprendió y acordó con mis exigencias, por respeto a nuestra nueva vida.

Esta nueva vida ya comenzaba a demandar necesidades adicionales a las que teníamos nosotros dos solos, incluyendo un lugar diferente para vivir, lo que significaba más gastos. Esto me

RESILIENCIA

impulsó a también ponerme los disfraces y lanzarme a la calle a repartir las promociones de nuestros clientes.

Mientras vivía mis primeras experiencias como madre tuve unas situaciones con quienes se supone fueran mis encargados, muy similares a las experiencias negativas de aquel pasado en la que tuve la inocencia atropellada y la adolescencia rebelde. Esto me convenció y con más determinación que nunca vi que había llegado el momento de soltarlos.

Ya no se trataba de mí, ahora las cargas involuntarias que había llevado desde niña podrían afectar negativamente a mi hija. Eso no lo iba a permitir. Yo elegí que ella tendría una niñez y adolescencia totalmente opuesta a la mía. Alejarme completamente de ellos era el primer paso que debía dar para lograrlo.

"Lo que no puedo controlar, por amor propio lo debo soltar".

STEPHANIE LI

Embarazada en el ejército.

En las últimas semanas de embarazo, luego ordenaron reposar por la complicación.

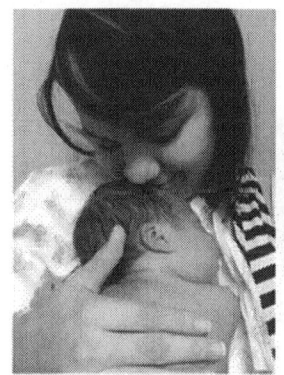

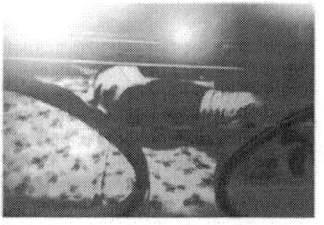

Cuando fuimos a recoger a Fabiola Li de su tratamiento, para finalmente llevarla a nuestro hogar.

RESILIENCIA

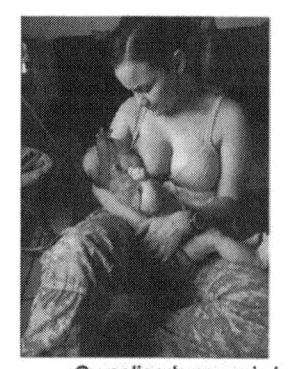

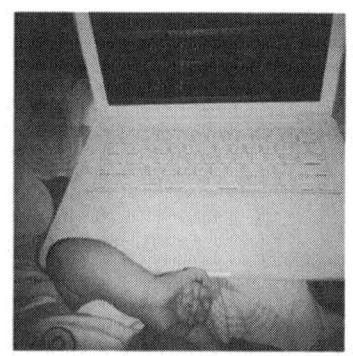

Cumpliendo con mis labores maternales y laborales.

Fabiola Li conmigo en el estudio de televisión.

Mi esposo Harold y yo, trabajando en nuestro negocio de promociones.

Parte II
RESILIENCIA

Capítulo 8:

De Sobrevivencia a Resiliencia

Mi vida se convirtió en una montaña rusa de emociones. Esto debido a que me uní como colaboradora al equipo de producción del noticiero mañanero de un canal principal que se ve en Puerto Rico y audiencia boricuas en Estados Unidos. De ahí mi vida personal y profesional cambió. Comencé a vivir muchas experiencias agridulces, llenas de transformación y crecimiento.

Los primeros tres años de este proyecto me dediqué a ayudar gratuitamente a la audiencia. Les brindaba conocimientos y herramientas de compras inteligentes. Me dedicaba a investigar, publicar los resultados en mis medios digitales o los difundía en otros medios, además de responder miles de dudas sobre estos temas. Había ocasiones en las que con una mano respondía dudas por Internet, mientras que con el otro brazo cargaba y lactaba a mi hija Fabiola Li. Me sentía exhausta, pero feliz y satisfecha. En esta época subí notablemente de peso, les daba atención a todos menos a mí misma. Estaba totalmente desprendida en servicio a los demás y encerrada con la idea de querer aportar a cambiar el mundo. Ahora era madre y mi visión había sido transformada, quería brindar herramientas con el fin de beneficiar a los niños (el futuro), incluyendo a mi hija.

Cuando comencé, apenas habían pasado tres meses de haber tenido a mi hija. Recuerdo que tenía mi rostro hinchado, además de mis senos (como madre lactante al fin). Las 155 lbs se me veían como 200 en televisión, sobretodo porque soy de pómulos prominentes y ojos achinados. Ingenuamente pensé que solo mis conocimientos bastarían para lograr presentaciones exitosas, pero la cruda realidad que viví fue otra.

El estándar de la sociedad (en mi mercado) sobre la apariencia física me pegó en la cara sorpresivamente. De repente, empecé a recibir mensajes, por las redes sociales, de algunas mujeres que me criticaban de manera destructiva con comentarios públicos como: "estás gorda, como te dejan salir en televisión", "deberías ponerte a dieta, antes de salir en pantalla", "deberías usar una faja", "esa ropa no te va, es para mujeres flacas", "quien te peinó te odia", "la que te maquilló es tu enemiga", entre otros comentarios similares.

Adicional a esto, pasé estragos con mi vestuario ya que la ropa

RESILIENCIA

me quedaba muy ajustada y no estaba generando ingresos para poder actualizar mi armario de un golpe. En dos ocasiones se me rompieron los zapatos justo al terminar mis segmentos en televisión. Esta etapa llegó al punto donde comencé a visitar tiendas de segunda mano del Salvation Army, busqué aprender a hacer ropa sin coser e investigar cómo comprar con presupuestos determinados.

También hubo ocasiones en las que yo salía de mis segmentos en los medios con todo el glamour que demandan esas apariciones públicas, para luego en el carro transformarme en el personaje que me tocara. Terminaba cansada, sudada, con una imagen bien lejos de lo que la gente veía en la televisión.

Lo que nadie sabe es que luego de dar a luz, tuve que también salir a trabajar en nuestro negocio, disfrazada para repartir promociones porque necesitábamos generar más ingresos. Mientras hacía este trabajo, mi tía me cuidaba a la bebé en el carro, con aire acondicionado, para cuando tuviera que lactar a mi niña yo pudiera asistirla rápido.

Todo lo que he logrado ha sido con trabajo duro, con la ayuda de mi esposo, mi tía y un pequeño grupo de trabajo que se desarrolló con el tiempo. Juntos alcanzamos grandes logros. Algunos han sido participar en campañas publicitarias de reconocidas marcas internacionales, innovar con el concepto Shoppinista, innovar en el

STEPHANIE LI

Internet marketing de nuestro mercado latino produciendo contenido, aplicación móvil y servicios de personal shopper en línea, algo que nadie más hace. Además, recibimos premios y diversas nominaciones de medios digitales latinos en Estados Unidos y Puerto Rico.

Con estos logros vinieron pruebas, ya que se levantaron aspirantes a competidores que robaron y copiaron nuestro trabajo. Hubo difamación, confusión a nuestra marca y otras estrategias desleales. ¿Y cómo reaccioné? Me encontraba en una situación intolerable, era un abuso en contra de todo lo que con esfuerzo había logrado.

¿Tenía que aguantar, tolerar, callar, permitir y sobrevivir? No, no usé técnicas de sobrevivencia. Todo lo contrario, usé varias estrategias de guerra, entre ellas la resiliencia.

Te preguntarás, ¿qué es la resiliencia si no es sobrevivencia? Según la Real Academia Española es la capacidad de adaptación de un ser vivo frente a un agente perturbador o un estado o situación adversos.

Diez formas de construir resiliencia

1) Establece relaciones con personas importantes - Aceptar ayuda de personas que te quieren y escuchen, fortalece la resiliencia. Relaciones que emanan amor y confianza, que proveen modelos a seguir, y que ofrecen estímulo y seguridad, contribuyen. Estar activo en grupos de la comunidad, organizaciones con base de fe, proveen sostén social y te ayudan a tener esperanza. Ayudar a otros también puede beneficiarte.

2) Evita ver las crisis como obstáculos insuperables - No puedes evitar que ocurran eventos que produzcan mucha tensión, pero sí puedes cambiar la manera como los interpretas y reaccionas ante ellos.

3) Acepta que el cambio es parte de la vida - Aceptar las circunstancias que no puedes cambiar te puede ayudar a enfocarte en las circunstancias que sí puedes alterar.

4) Muévete hacia tus metas – Enfócate y haz algo que te permita moverte y acercarte a tus metas, aunque parezca que es un logro pequeño.

5) Lleva a cabo acciones decisivas - En situaciones adversas, actúa de la mejor manera que puedas. Actuar decisivamente es mejor que ignorar los problemas y las tensiones o desear que desaparezcan.

6) Busca oportunidades para descubrirte a ti mismo - Muchas veces, como resultado de la lucha contra la adversidad, las personas pueden aprender algo sobre sí mismas y sentir que han crecido de alguna forma a nivel personal.

7) Cultiva una visión positiva de ti mismo- Desarrolla confianza en tu capacidad para resolver problemas y confiar en tus instintos, esto te ayudará a construir la resiliencia.

8) Mantenga las cosas en perspectiva - Aun cuando te enfrentes a eventos muy dolorosos, trata de considerar la situación que te causa tensión en un contexto más amplio, y mantén una perspectiva a largo plazo. Evita agrandar el evento fuera de su proporción.

9) Nunca pierdas la esperanza - Una visión optimista te permite esperar que ocurran cosas buenas en tu vida. Trata de visualizar lo que quieres, en vez de preocuparte por lo que temes.

10) Cuida de ti mismo - Presta atención a tus necesidades y deseos. Interésate en actividades que disfrutes y encuentres relajantes. Ejercítate regularmente. Esto te ayudará a mantener tu mente y cuerpo listos para enfrentarse a situaciones que requieran resiliencia.

Consejos adicionales para fortalecer la resiliencia

Por ejemplo, algunas personas escriben sobre sus pensamientos y sentimientos más profundos relacionados con la experiencia traumática u otros eventos estresantes en sus vidas.

La meditación y las prácticas espirituales ayudan a algunas personas a establecer relaciones y restaurar la esperanza. La clave es identificar actividades que podrían ayudarte a construir una estrategia personal para desarrollar la resiliencia.

Explora las respuestas a las siguientes preguntas sobre ti y tus reacciones a los retos en tu vida. Este ejercicio te puede ayudar a descubrir cómo responder efectivamente a eventos difíciles.

* * *

¿Qué tipo de eventos te han resultado más difíciles?

¿Cómo te han afectado dichos eventos?

¿Te sirve de ayuda pensar en las personas importantes en tu vida cuando estás estresado?

¿A quién acudes para que te ayude en una situación difícil?

¿Qué has aprendido sobre ti mismo y tus interacciones con los demás durante momentos difíciles?

¿Te ha ayudado ofrecer apoyo a otras personas que están pasando por una experiencia similar?

¿Has podido superar los obstáculos, y si es así, cómo?

¿Qué te ha ayudado a sentirte más esperanzado sobre tu futuro?

Más allá de la familia y amistades, puedes encontrar ayuda en:

Libros y publicaciones escritos por personas que han manejado con éxito situaciones adversas.

Recursos en línea. La información en las páginas de la Web puede ser una fuente de ideas. Pero hay que tener cuidado con la calidad de la información, pues esta varía dependiendo las páginas que consultes.

Sin embargo, algunas personas pueden no avanzar o tener dificultades para progresar en el camino de la resiliencia. Si te sucede eso debes buscar ayuda.

Un profesional licenciado, como un psicólogo puede dar asistencia a las personas para desarrollar una estrategia apropiada para salir adelante. Es importante que busques ayuda profesional si sientes que no puedes funcionar o desarrollar las actividades básicas de la vida diaria, como resultado de vivir una experiencia traumática o estresante, tal como sobrevivir un huracán.

Mi Resiliencia en el Huracán María, 2017

El ejemplo más reciente de resiliencia que tuve fue tras el paso del huracán María en septiembre del 2017. Por la filosofía de ser Shoppinista tengo un estilo de vida en el que busco un balance saludable entre lo esencial y opcional de la vida. Una de mis estrategias para lograr ese balance es la planificación y el ejército me ayudó mucho a eso. He escuchado a muchísimas personas decir expresiones como: "nunca pensé que me pasaría algo", "no creí que eso me tocara a mí".

Confieso que, sin caer en el hábito de la negatividad, yo por el contrario suelo siempre pensar: "¿qué tal si me pasara un acontecimiento negativo?" "¿Estoy de alguna forma preparada para enfrentarlo y usarlo a mi favor? ¿Qué debo hacer para reaccionar a un suceso negativo?" Esto me ha dado una mentalidad de vivir como dijo Dalai Lama: "Esperar lo mejor, pero estar preparado para lo peor". Pienso que me da una perspectiva realista y sobretodo útil para prevenir experiencias negativas o enfrentarlas lo mejor que pueda.

No vivo de forma calculada, en la cual tengo cada paso o minuto pensado y planificado. Por el contrario, dejo un gran espacio para fluir ante la voluntad y propósito de Dios, improvisar y tener espontaneidad, pues como creativa que soy muchas veces lo mejor que me ha pasado ha llegado sin esperarlo ni calcularlo.

Sin embargo, hay varias excepciones para las cuales planifico con empeño y diligencia para poder enfrentarlas, lograrlas o superarlas de la mejor forma posible. Estas situaciones pueden ser los eventos atmosféricos, las finanzas personales y metas importantes para mí y mi familia.

Las experiencias que he vivido me han enseñado a no actuar como una ilusa o engreída en espera de que se me resuelva la vida y me pongan en bandeja de plata lo que me toca a mí ganarme, lo que me toca a mí cuidarme. Y ahora que soy madre, tengo que hacer todo lo que esté a mi alcance para el bienestar de mi hija, quien solo tiene 5 años. No ser ilusa, trabajar por lo que quiero con esfuerzo y responsabilidad desde muy joven me ayudó a desarrollarme y me transformó en Shoppinista.

Les cuento que en nuestra casa tenemos un almacén de respaldo y durante el año monitoreo el inventario. Este almacén cuenta con suministros extras de comestibles no perecederos, agua que almacenamos en botellas plásticas limpias reusadas, artículos de acampar, artículos de primeros auxilios y otros extras, como un

RESILIENCIA

inversor eléctrico y artefactos de energía solar.

Si tenemos la oportunidad de prepararnos para una tormenta o un huracán, ¿por qué no hacerlo? Por eso, trato de mantenerme lo más preparada posible por la seguridad de mi familia. Además de implementar esta valiosa estrategia en el aspecto personal, también lo he compartido a mi audiencia, a través de las publicaciones de La Shoppinista.

No recibí el huracán María de forma imprevista, conté con un plan. Sé que no todo está bajo mi control, ahí es que dependo completamente de Dios. Adicional a la diligencia que asumí, la fe fue mi otra implacable estrategia. Espiritualmente, me preparé para el huracán con oración y comunión.

Durante las horas que el huracán golpeaba la Isla, mientras mi suegra, tía y esposo se mantenían en calma en la sala yo me moví al pasillo de mi hogar junto a mi hija y con ella oré, canté, jugué y dormí. No había nada bajo mi control más que mi actitud, decisión de creer y transferirle a mi hija lo que consideraba mejor para ella. En estos momentos, le quería enseñar a mi hija que cuando suceden pruebas difíciles el camino a seguir es la fe, la diligencia y la resiliencia.

Como todos los residentes de la Isla, el huracán nos afectó al dejarnos sin energía eléctrica, sin agua, con poca comunicación, limitaciones de gasolina y dificultades para suplir lo necesario día a día, pero la previa planificación que habíamos hecho en nuestro hogar fue un gran alivio, ya que no tuvimos la necesidad de salir a buscar casi nada en las primeras semanas.

Por otro lado, nos movimos a otra ciudad para unirnos a la familia de mi esposo en su humilde comunidad, donde un vecino que tenía generador eléctrico les pasaba una extensión eléctrica a varias casas y entre todos costeaban los gastos de gasolina.

Allí estuvimos realizando actividades que nos unieron mucho, como cocinar y comer juntos en la mesa, jugar dominó, compartir, ceder, trabajar en equipo y desapegarnos del celular. En fin, más que estar juntos fue estar unidos y presentes en el momento.

Este acontecimiento dejó sin casa a mi suegra y mi tía Marilyn, pero no las dejó sin hogar, ya que no tuvieron que irse a vivir bajo un puente o en la calle, todo lo contrario.

Luego de que pasaron el dolor, de ver su casa destruida, años de esfuerzo en el suelo, y superaron el apego a lo material las he visto muy convencidas de que fue lo mejor que les pasó en mucho tiempo. Esta crisis les dio el empuje para diligentemente construir mejores casas en concreto.

Entonces, ver esto me reafirmó que muchas bendiciones

RESILIENCIA

vienen como un regalo envuelto en dolor, pero debemos tener la visión y actitud para transformarlas.

El evento también trajo a Puerto Rico muchas enseñanzas que eran muy necesarias. Se destapó la realidad de mucha gente que ya vivía en condiciones poco seguras o injustas. Se redujeron los absurdos crímenes por el desmedido narcotráfico y la violencia de género. Pero tristemente se dieron casos de robos y escalamientos a hogares, inclusive por funcionarios públicos, quienes están supuestos a servir no auto servirse con los recursos de la ciudadanía. También salieron a la luz algunos casos de fraudes.

Por otra parte, vimos a muchísimas otras personas (la mayoría) que se unieron a sus familiares o vecinos para compartir tiempo de calidad, ayudarse mutuamente y reconstruir. Desde compartirse un cable para el generador eléctrico, compartirse los gastos de gasolina, recoger escombros y habilitar las calles hasta el extremo de despertar el ingenio al colocar tensores con cables para transportar comida y agua de un extremo al otro, ya que hubo puentes que colapsaron y dividieron zonas.

Públicamente se conocieron muchos héroes anónimos que hicieron la diferencia en su comunidad al ayudar a otros sin esperar aplausos ni reconocimientos, por pura humanidad y nobleza. Para ser realista, creo que esta catástrofe voló el "frosting" del bizcocho para sacar lo mejor de muchos y lo peor de algunos... lo que ellos hayan decidido asumir y darle poder.

Por mi parte, el huracán también me enseñó mucho. Me hizo ver lo que no podía, como el afán por hacer muchas cosas a la vez. Me bajó la intensidad a mi espíritu de lucha insaciable que he estado inconscientemente arrastrando desde los años en que sobrevivía. Me enseñó a valorar más mi tiempo para vivir más allá que para trabajar. Disfrutar, reír, jugar y hacer cosas que alimenten mi alma con las personas que amo y me aman. Volver a bailar y cantar como de jovencita amaba. Me enseñó a descansar en Dios, a fluir confiada de que sus planes y propósitos son mejores. Me confirmó que el estilo de vida Shoppinista es la mejor decisión que he tomado para el bienestar individual y colectivo. Me convenció de no vivir para agradar a la humanidad entera lo que es imposible, sino a Dios, poniéndolo como prioridad.

De ahí, nació la confirmación para escribir este libro que hacía unos años lo había comenzado como una terapia para sanar las heridas recibidas en tantas batallas.

Por años, estuve diligentemente tocando puertas en varios medios de comunicación en Puerto Rico. Al fin, había llegado la oportunidad de comenzar mi primer programa por Internet en un canal multinacional: Shoppinista ¡para comprar, ganar y gozar!

Fue una sorpresa poder trabajar con este canal. Jamás pensé

RESILIENCIA

que se me abriera esa puerta, pues yo colaboraba en su competencia, además no fue una puerta que yo había tocado. Se me invitó a unirme a ellos cuando me descubrió en un Facebook Live haciendo compras con mi familia.

Inmediatamente que nos conocimos, me expresó cómo entendió el concepto, su valor para la gente y quería ser parte del movimiento con su aportación. ¡Como una sorpresa caída del cielo!

Primero, el lanzamiento del programa era el día que el huracán Irma vino para la Isla, por lo que tuvimos que posponerlo. Cuando íbamos a hacer el segundo intento, sufrimos el azote del huracán María y se pospuso el programa.

Muchos me expresaron su lamento por este proyecto fallido que se había anunciado con bombos y platillos; con anuncios de televisión, conferencia de prensa, prensa escrita y redes sociales. Pero después del huracán el panorama era otro. Ni siquiera los comercios estaban operando eficientemente como para poder trabajar, pero mi mentalidad de resiliencia se manifestó una vez más.

¿Por qué esta crisis iba a paralizar mi misión, si de la crisis fue que nació? Irónicamente, este era el momento más adecuado para enseñar y promover el estilo de vida Shoppinista. De ahí, retomamos la misión y continuamos trabajando detrás y frente a cámaras.

Te cuento todo esto con el propósito de compartir mi proceso de la sobrevivencia a la resiliencia y con el fin de que tú puedas realizar una introspección para analizar cómo has estado o estás en sobrevivencia, qué actos has hechos para solucionar, cómo aportan las batallas a tu crecimiento y superación.

Muchas veces caemos en una respuesta automática de sobrevivencia y ni siquiera nos damos cuenta de que estamos sumergidas en esta.

Te invito a que realices una pausa y uses la siguiente tabla de guía para identificar tus batallas de sobrevivencia para más adelante trabajar en transformarlas en resiliencia.

Tabla De Batallas A Victorias

	Acción Tomada	Ganancia 1	Ganancia 2	Ganancia 3
Batalla 1				
Batalla 2				
Batalla 3				

Por otro lado, te propongo el #retoresiliencia

Resiliencia

Cuando tengas pensamientos o experiencias negativas, búscale una o más ganancias positivas que le puedes sacar.

Por ejemplo, ¿te despidieron de tu trabajo? ¿Qué ganancia le puedes encontrar? ¿Emprender por tu cuenta es una pasión que siempre has tenido? ¿Aplicar en un lugar donde siempre has anhelado trabajar? ¿Tener más tiempo para hacer lo que te llena el alma?

¿Te han criticado destructivamente? Recuerda que las personas reflejan como son ellos por dentro, no lo tomes personal y pregúntate, ¿qué atributos y habilidades tienes que te hacen única(o)? ¿Qué podría esa persona aprender o admirar de ti?

¿No has encontrado un amor de pareja indicado? Pregúntate, ¿Cuánto tiempo y energía tendrás ahora para darte amor propio? Y así consecutivamente.

¿Te dije en capítulos anteriores que me pongo creativa?

Anímate, sube tu foto con el libro con tu **#retoresiliencia** a las redes sociales y me haces tag por Facebook o Instagram @LaShoppinista para conocer tu historia de sobrevivencia a resiliencia y compartirla si deseas.

Capítulo 9:

Feminismo vs. Sexismo

Poco a poco, sigo desaprendiendo lo aprendido en el entorno sexista donde crecí y ahora aprendo sobre el feminismo. Mi razón y experiencias me confirman que es lo correcto. Ya no soy tan ignorante al tema del feminismo versus el sexismo y por eso, quiero compartirlo contigo.

Como gran parte de este mundo, no hay absolutos. Cada persona ve las cosas según sus creencias, prejuicios, reflejos y psiquis en general, por lo que el tema del feminismo suele ser un dilema.

El feminismo es la ideología de que las mujeres tengamos libertad de nuestra individualidad como seres humanos y derechos: sociales, económicos, políticos y personales, al igual que los hombres. El feminismo promueve la igualdad de los seres humanos sin distinción de género. No es que la mujer es superior al hombre ni viceversa, es que valemos igual.

El sexismo promueve roles basados en géneros donde se proyecta debilidad, sumisión, discapacidad u objetización de la mujer, versus el hombre fuerte, capaz, dominante y poderoso. El sexismo se puede manifestar a la inversa cuando se acusa de débil al hombre que llora, expresa emociones de amor, paternidad y participa en los roles del hogar, entre otros.

Y no es un secreto que las mujeres y los hombres estamos hechos diferentes, pero igualmente somos seres racionales, espirituales y emocionales. Eso debe ser razón demás para que, por sentido común, se comprenda que valemos igual.

En el sexismo solemos ver cómo la mujer es un objeto tipo trofeo decorativo, meramente un "pedazo de carne" o con fines de ser usada para el placer sexual de los hombres. Lo vemos en muchos anuncios comerciales, en competencias de belleza física y estereotipada, lo escuchamos en la música y hoy día con las redes sociales nos topamos con miles de imágenes sexistas, donde se presenta de diversas formas a la mujer como objeto sexual.

Sexismo también es cuando se objetiza a los hombres, aunque no sea tan común en nuestra cultura hispana. ¡Está en todas partes!

Stephanie Li

No es un secreto que la sexualidad es parte de nosotros y nos gusta, pues nos causa placer más allá de ser la actividad por la cual biológicamente nos procreamos, pero hay una diferencia entre abrazar y aceptar la sexualidad a explotarla u objetizarla. Esto puede venir tanto de los hombres como de las mismas mujeres.

Lo que he aprendido de mujeres que admiro como Oprah Winfrey, y concluido del tema es que ser feminista es igual a ser libre de decidir qué hacer conmigo como individuo en todos los aspectos, eso incluye mi cuerpo y mi sexualidad.

Si quiero irme a la playa, tomarme fotos en traje de baño y subirlas a las redes sociales, lo hago. Si quiero usar un vestido entallado o escotado que denote mi figura femenina, lo hago. Si quiero bailar la música que me alegre y haga disfrutar, lo hago. Si quiero lactar a mi hija en público, lo hago. Si no quiero ser madre, no lo hago y responsablemente lo prevengo. Si quiero ser madre, lo hago.

Debo celebrarme completa, pero ¡ojo! no sólo mi físico y sexualidad. En mi opinión ese es el primer punto que debemos identificar para no excusar ni confundir el sexismo como una manifestación feminista.

Si quiero salir sin maquillaje ni tacones, lo hago. Si quiero vestirme discreta, lo hago. Si quiero que se me conozca por mis

RESILIENCIA

capacidades intelectuales, habilidades y talentos más allá que por mi físico, lo hago. Si soy la que traigo más dinero a mi familia, lo hago. Si decido sustentar mi hogar mientras mi esposo se queda en el hogar realizando otras labores, lo hago. Si sirvo en la milicia o trabajos que supuestamente son dominados por hombres, lo hago.

¿Por qué el ser mujer me obliga a decorarme con maquillaje, tacones, accesorios y cabello producido para mostrarme a la sociedad, cuando a los hombres no se les exige igual?

¿Por qué como mujer tengo que esconder y camuflar vergonzosamente mis rasgos femeninos y andar cubierta de los pies a la cabeza cuando en nuestra cultura hispana a los hombres no se les exige igual?

El feminismo me libera y me respeta en esas decisiones, por lo que el resto de las personas debe hacer lo propio. ¡Respetar!

Hay factores muy importantes para discernir cuando estoy usando mi sexualidad femenina como objeto de placer hacia otros y siendo sexista versus siendo una mujer libre como lo son los hombres. Se trata de un balance no de un extremo, ya que en el extremo es se cae en la objetización y explotación.

Creo que no es feminista y por el contrario sexista, ser cómplice de que comercialmente se me use como objeto para venderles cualquier cosa a los hombres. Usar mis redes sociales como una revista sexista dirigida a los hombres donde exploto mi cuerpo y sexualidad. Quien quiera hacerlo, chévere es su asunto y se le respeta. No lo juzgo, pero sí discierno en mi propio caso por las experiencias que viví en carne propia dentro de los ambientes que trabajé.

También veo sexista cuando demonizan a una mujer por lucir un traje de baño, sobre todo cuando demuestra su cuerpo imperfecto. Lamentablemente, la mayoría de las veces las críticas destructivas vienen de otras mujeres, porque lamentablemente durante la historia las mujeres han sido tratadas como seres humanos sin valor, sin voz, sin igualdad y esto ha provocado muchos complejos de inferioridad entre otros problemas que provocan ataques que nos debilitan entre nosotras mismas. En la unión está la fuerza, ¿no? Pues por ahí mismo nos debilitamos, cuando nos separamos.

¿Por qué las mujeres compiten por quién es la más bella, esbelta, mejor vestida y supuestamente perfecta? Pueden influir muchos factores. Por ejemplo, inconscientemente competir por la atención de los hombres y las competencias de belleza, donde miden a las mujeres por unos estándares estereotipados.

Incluso, he visto certámenes hasta donde se les humilla públicamente o se abre la puerta para ser burlada por no cumplir con los parámetros y fines comerciales de esas entidades. Échale un vistazo a las redes sociales cuando ocurren estos certámenes. ¿Eso es promover el feminismo?

En mi opinión lo que provoca es una absurda competencia, envidia, celos y complejos entre las mujeres. División y no unión para hacernos más fuertes.

Decido vivir en libertad y balance en el que pueda expresar mi feminismo como "una todo terreno", primero por lo que tengo adentro que por lo que muestro por fuera; cuando yo quiera y como quiera, según mis valores, creencias y ética, lo cual es muy individual.

Un ejercicio que hago con mi hija es influenciarla a tener aspiraciones de asumir varios roles. Le promuevo que ella puede ser lo que le gusta y quiera: bailarina, pero también doctora y mamá. Otro ejercicio es empoderarla y enseñarle amor propio por lo que lleva en su mente, corazón y su físico, perfectamente imperfecto. En ese orden de prioridad. Le explico que ella no es como nadie, y nadie es como ella. Que cada amiguita tiene sus encantos y belleza. Ninguna más que otra, porque todo es relativo.

De hecho, te confieso que en los últimos años he hecho experimentos en mis redes sociales que mayormente están seguidas por mujeres. En una ocasión subí una foto en traje de baño con un texto sexista. La publicación llamó la atención más que cualquiera de mis publicaciones sobre compras, mejor estilo y calidad de vida con el concepto Shoppinista en los más de cuatro años anteriores. De ahí publiqué un escrito como respuesta que tuvo una cantidad impresionante de miles de visitas a mi página web al punto que la base de datos colapsó.

Fue todo una controversia y mi experimento confirmó la hipótesis de demanda versus oferta: consumimos el contenido que demandamos con nuestras acciones conscientes o inconscientes.

Si vemos que los medios de comunicación y redes sociales nos dan tipos de contenidos específicos como noticias negativas, controversias de farándula o políticos, sexismo, novelas y morbosidad, es porque se está atendiendo lo que la audiencia consume.

Si queremos ver lo contrario, necesitamos comenzar por desaprender a lo que reaccionamos para quitarle poder y atención. Para dejar de demandarlo pues eso nos darán. Entonces, empleárselo a lo que sí queremos ver y consumir mediáticamente. Si queremos ver y consumir contenido constructivo a ese es al que nosotros le debemos dar poder con nuestra atención e interacción. No hay otra forma. Queremos cambiar el mundo pero debemos comenzar por cambiarnos a nosotros mismos.

Resiliencia

Por otro lado, he compartido fotos y vídeos donde proyecto mi seguridad y amor propio con todo y las imperfecciones que tengo. Luego de un tiempo, he visto como gradualmente comienzan a comprender más el mensaje de empoderamiento feminista que quiero llevar y las críticas destructivas van disminuyendo.

Estas iniciativas me llevaron a crear un hashtag en Instagram y Facebook llamado #ConLaRopaPuesta en la que resalto todos los logros realizados en mi carrera dentro de los medios de comunicación sin sexismo, sino con feminismo.

Cabe destacar que ninguna de esas publicaciones recibe la mitad de atención en comparación al experimento sexista, pero poco a poco seguimos en la batalla para desaprender y aprender lo que necesitamos para fortalecernos como personas feministas. ¡No me rindo! No es la primera vez que abro camino en temas de conversación en lo que en nuestra sociedad hispana desconocemos.

Creo que socialmente debemos educarnos para identificar las actividades, expresiones, acciones y decisiones que separan el feminismo del sexismo. Aprovechar los escenarios sexistas para renunciar a comportamientos de sobrevivencia y transformarlos en resiliencia.

Compartir opiniones, diferir con respeto y respetar las decisiones de cada cual, siempre y cuando no afecten la vida e integridad de terceros.

Así, podremos caminar en una dirección donde genuinamente unidas seremos más fuertes. Los hombres también son invitados.

***

¿Qué expresiones escuchas que son sexistas y no feministas?

¿Qué actividades ves en tu entorno que promueven el sexismo? ¿Roles familiares, actividades, música?

De forma honesta y para ti, ¿eres feminista, sexista o una combinación de ambos?

¿Has experimentado el sexismo en tu vida?

¿Qué batallas te dio?

¿Qué ganancias le sacaste?

Resiliencia

"Decido vivir en libertad y balance en el que pueda expresar mi feminismo como "una mujer todo terreno", primero por lo que tengo adentro que por lo que muestro por fuera; cuando yo quiera y como quiera, según mis valores, creencias y ética, lo cual es muy individual. Soy perfectamente imperfecta, como lo somos todos".

- **Stephanie Li**

Capítulo 10:

Shoppinista™

Fundé el concepto Shoppinista, oficialmente en el año 2012, luego realizar una investigación universitaria. Los resultados demostraron la necesidad que había de comunicar temas relacionados al consumo, principalmente para las mujeres, quienes se interesan más debido a sus roles en nuestra sociedad hispana. No lo impongo u opino yo, está probado por varios estudios.

Más allá de la investigación intelectual, Shoppinista surgió por la combinación de mis vivencias personales. Fue desde lo más mínimo, como luchar para sobrevivir con lo esencial hasta convertirlo en un estilo de vida para mejorar el bienestar y la calidad de vida familiar.

¿Y qué es exactamente ese "invento"? Al principio algunos

relacionaban el concepto Shoppinista con el tan reconocido término anglosajón Shopaholic del cual existen novelas y hasta una película de Hollywood. Pero la realidad es que estos términos son antónimos. Shopaholic y Shoppinista son conceptos opuestos. Shoppinista es el antídoto de Shopaholic.

El término de Shopaholic se refiere a la adicción u obsesión a las compras. Según estudios de psicología, muchas personas recurren a esto como método para llenar sus vacíos emocionales o ansiedad. En algunos casos la persona llega a ser medicada con antidepresivos. Incurrir en las compras compulsivas puede llevar al fracaso financiero y hasta la ruptura de relaciones interpersonales, incluyendo la de pareja y familia. Muchas veces las personas con este comportamiento se basan en estilos de vida y opiniones superficiales, materiales y efímeras.

Después de mi investigación idealicé lo errónea que eran las promociones de este concepto en los medios de comunicación y las repercusiones tan negativas para nuestra sociedad y medioambiente, sobretodo en momentos en que la crisis económica era el tema de tendencia en Puerto Rico y Estados Unidos.

Pero ¿por qué promover campañas publicitarias con mensaje como: compra mucho, compra más, llévatelo todo, uno no es suficiente, la moda es todo esto, no te quedes atrás, etc.? Pues, porque las compras son un negocio para los comercios que ofrecen productos y servicios. Si hay crisis económica, ¿no les conviene a los negocios incitar agresivamente a que la gente compre más? ¡Claro, están batallando con todo para lograr sus ventas, generar capital y poder operar! Así funciona el capitalismo que es el sistema económico en el que funcionamos en Estados Unidos y Puerto Rico.

De ahí, una vez más mi rebeldía con causa se manifestó. Mi misión por llevar la contraria para pelear contra lo que nos daña tomó gran importancia y me llevó a darle nacimiento y desarrollo a la Shoppinista.

La misión del concepto Shoppinista es educarte en compras, economía y mercadeo para lograr un balance a tu favor, dentro de la economía capitalista. Si las compras representan negocio para los comercios, la visión y misión es que también represente negocio para los consumidores y así puedan lograr relaciones "win-win".

Resumo Shoppinista como el concepto innovador que promueve el capitalismo milenial. Un capitalismo con más conciencia sobre las consecuencias a las personas, eco amigable y de beneficio para ambas partes. No uno que le haga daño a la psicología de las personas, vendiéndoles falsos sueños o problemas serios. Ni uno de fraude o contaminación a los seres humanos y el medio ambiente que cada vez está más vulnerable. En fin, nada de excesos innecesarios y tramposos que se promueve bajo el concepto Shopaholic, todo lo contrario.

Resiliencia

Y ¿qué es ser Shoppinista?

Es ser un consumidor(a) consciente de las necesidades, los deseos y la capacidad para satisfacer ambas de la mejor forma para un bien común. Shoppinista es la persona buena administradora del hogar o trabajo, que de forma orientada y balanceada usa herramientas y estrategias que le permiten mejorar su calidad de vida, y consumo en todas las categorías.

Cuando eres Shoppinista tienes la consciencia de saber cuándo crear, reusar o modificar, antes de salir a gastar. Comprar según la capacidad en tiempo, habilidades y conocimientos. Con el propósito de la compra, realiza una planificación que te permita maximizar el tiempo y dinero, hasta ganar dinero o recompensas de lo consumido.

Es conocer cómo balancear el tiempo de nuestra vida entre: el que invertimos ganando dinero, el que perdemos gastando o el que vivimos, estos son momentos que el dinero no puede comprar.

Shoppinista es vivir un estilo de vida consciente y trascendental, no irracional y superficial.

¿Y por qué el nombre o alias Shoppinista?

Porque quise que el mercado en Puerto Rico y Estados Unidos lo entendieran de la forma más asimilada posible. La mayoría de los latinos anglosajonamente dicen: "Me voy "shopping", "Vamos "shopping". De ahí salió la inspiración para Shoppin. Según la Real Academia Española, *ista* es el sufijo que designa generalmente a la persona que tiene determinada ocupación, afición, oficio o profesión. También forma adjetivos que habitualmente se sustantivan, y suelen significar 'partidario de' o 'inclinado a' lo que expresa la misma raíz con el sufijo. Así fue como encontré Shoppinista™ el nombre ideal para este proyecto de emprendimiento.

Como bien mencioné, los conocimientos teóricos y académicos los mezclé con mis vivencias personales. Estas son las que experimenté cuando sobreviví a la crisis económica en mi temprana independencia: las estrategias de ventas que aprendí cuando fui mesera, bartender y promotora de variedad de marcas comerciales; las tácticas de sobrevivencia con sólo tener lo esencial que aprendí en el ejército; las habilidades que desarrollé cuando emprender fue mi mejor opción para progresar; las crisis personales desde mi infancia que me enseñaron a valorar grandemente la familia y aprovechar el tiempo de la mejor forma; las necesidades que me enseñaron a ser diligente para tener una buena calidad de vida. Y la soledad, cuando solo tuve a Dios, quien me enseñó a compartirle a otros lo que me hace bien para agradecerle y agradarle a Él.

RESILIENCIA

Como Shoppinista™ he recibido y compartido muchísimos beneficios, tanto en lo personal como en lo profesional. He aprendido y compartido múltiples estrategias y herramientas para lograr mejores compras, mejor manejo del dinero y calidad de vida. He aprendido y enseñado la diferencia entre mal gastar, gastar bien e invertir.

Al momento de gastar he obtenido múltiples herramientas para no pagar solamente con mi dinero, sino con recompensas, premios, aplicaciones móviles y hasta dinero que he recibido de los negocios (cashback). Por eso lo describo como gastar bien, porque es obteniendo ganancias adicionales a las compras realizadas.

Gracias a los conocimientos Shoppinistas mi esposo y yo compramos nuestro propio hogar en un área más segura y apta para establecer nuestra familia. Hemos emprendido nuestra empresa, la que empezó desde la casa. También, hemos aprendido a manejar nuestro dinero de la mejor forma para no vivir con deudas esclavizantes. Además, hemos disfrutado de múltiples viajes en familia, celebraciones de fechas especiales y momentos inolvidables.

Puedo decir que gracias a que somos Shoppinistas hemos aprendido a comprar, ganar y gozarnos la vida, la cual ha dado un giro de 180 grados, en comparación a los tiempos cuando desconocíamos cómo funciona la economía.

STEPHANIE LI

Profesionalmente, con este concepto hemos logrado innovar en nuestro mercado con la realización de las primeras herramientas en español para mejores compras.

Estas son:

1) Plataforma digital www.LaShoppinista.com
2) Aplicación móvil – Shoppinista
3) Programa de clases por Internet www.AcademiaShoppinista.com
4) Shoppinista Live Show por Facebook
5) Conferencias presenciales
6) Servicio de gestoría de compras por Internet- Online Personal Shopper by La Shoppinista
7) Contenido constructivo en español para las familias hispanas que se ha distribuido por los medios de comunicación masivos de televisión, prensa, radio e internet.
8) Colaboraciones en estudios de mercadeo sobre los consumidores de nuestro mercado.
9) Campañas publicitarias masivas.

Esto ha llevado a que podamos alcanzar a cientos de miles de consumidores, mujeres en su mayoría, en Puerto Rico y Estados Unidos. Además, trabajamos en iniciativas constructivas para la audiencia junto a compañías de reconocimiento internacional. Recientemente, comenzamos el primer proyecto digital en español junto a un canal de televisión multinacional de alto prestigio.

Me llena en gran manera poder tener la libertad de ser yo misma. Con pasión y entusiasmo poder crear contenido, comunicar, y proveer productos y servicios que le dan soluciones e inspiración a tantas personas. Con este proyecto, más allá de ganarme la vida honradamente, me satisface aportar mi granito de arena a las familias hispanas.

Las primeras promociones, conferencias y secciones realizadas en los medios de comunicación para el proyecto LaShoppinista.com

Stephanie Li

Resiliencia

"Se muy bien a donde no quiero volver.
Creo saber a donde quiero ir y trabajo para llegar.
Pero mi Creador es quien sabe a dónde iré pues
Él me llevará a cumplir los propósitos para los
que me creó".   - Stephanie Li

STEPHANIE LI
CAPÍTULO 11:

METAMORFOSIS | UNA TRANSFORMACIÓN

Metamorfosis:

- Transformación de algo en otra cosa.
- Mudanza que hace alguien o algo de un estado a otro, como de la avaricia a la liberalidad o de la pobreza a la riqueza.

Ahora, en el 2018, soy una mujer de 30 años y reconozco que he estado viviendo una metamorfosis, como la de una oruga que se transforma en mariposa. Siento, que, en mi infancia, llena de acontecimientos involuntarios, cuando no podía elegir, cuando viví tanta inestabilidad y violencia, fui como una larva que tiene que mudar la piel varias veces; bajo tormentas, caídas, lluvias y atropellos que la obliga a encontrar lo fuerte que puede ser. Porque ser fuerte es la única opción para sobrevivir.

Desde mi adolescencia rebelde con causa, hasta que terminé mi entrenamiento básico en el ejército, pasé por la etapa crisálida. En esta etapa la oruga se encierra en la cápsula protectora y camuflada. Mientras, en el interior comienza a cambiar y a transformarse en el mismo ser, pero completamente distinto a la vez.

Cuando me convertí en madre y emprendí con La Shoppinista

RESILIENCIA

fui como la mariposa frágil que recién comienza a salir de su capullo para gradualmente aprender a levantar sus alas y volar alto.

Ahora, estoy en el proceso donde solo quiero volar, aprovechar, apreciar y compartir el viaje con otras mariposas. Con eso me refiero a vivir lo mejor que pueda (más allá de sobrevivir), con el propósito de compartir con otras personas y poder aportar mi granito de arena para que las próximas generaciones tengan un mejor lugar.

Reconozco que, aunque mi esencia de niña sigue dentro de mí, estoy bastante transformada en lo que la vida y Dios me han guiado a transformarme. Queda algo de aquella adolescente rebelde que fui, pero reconozco que aún estoy trabajando en el proceso de convertirme en quien Dios quiere que sea. No tengo la ingenuidad de aquella niña, ahora tengo más sabiduría y experiencias fortalecedoras.

Ya no le doy prioridad a mejorarme superficialmente, le doy importancia al mejoramiento interno en el orden que considero se merece. Me voy soltando a realizar actividades que me liberen, que me permitan cuidarme, manifestarme, expresarme, pero sobretodo vivirme tal cual soy, con la misión de ser la mejor versión de mí.

No me enfoco en la cantidad de personas que me rodean, pues ya no tengo expectativas de que otras personas me llenen vacíos. Ya no necesito esas ilusas expectativas. Ahora, sólo quiero rodearme de gente de buena calidad con las que recíprocamente nos demos amor, apoyo y lo mejor de cada uno en el proceso de la evolución de cada cual.

Tampoco tengo expectativas de perfección o de esperar mucho de otros, pues nuestra humana condición es fallar y errar; ya que somos un proyecto constante. Además, cada cual está lidiando con sus propias luchas y necesidades. ¿Quién soy yo para que otro deje de ser o hacer para sí mismo al darme prioridad a mí?

De quien único tengo perfectas expectativas y espero amor incondicional es de mi Creador. Él es el único que, en mis tres décadas de vida, no me ha dejado ni fallado, que me ha amado incondicional y misericordiosamente, aún más que yo misma. De hecho, Él fue quien permitió que yo llegara a este mundo sin ser deseada y con todo en contra para existir.

Lo único que observo es la verdadera esencia de los que me rodean, lo que dan al mundo y lo que emanan. Luego de haber vivido rodeada e impactada por tanta negatividad, naturalmente rechazo cualquier acción o palabra que se asocie con ese pasado.

Reconozco que ahora me siento atraída a personas genuinas, optimistas, honestas, humildes, alegres y que no sean oportunistas, egocentristas, negativas, tóxicas, dañinas, discriminatorias ni agresivas en sus expresiones o acciones. Cuando recibo ataques verbales o acciones destructivas, no me callo ni me someto, al contrario, lo enfrento con la mayor astucia y sabiduría posible.

Ahora estoy trabajando para retomar la prioridad en la espiritualidad y mi relación con Dios. Dentro de mi estilo de vida, voy abriendo espacio a mi relación mediante lecturas y reflexiones diarias, música, oraciones mañaneras y nocturnas, a solas o junto a mi esposo e hija. Voy estudiando y comprendiendo más a Jesús para emularlo lo mejor que pueda, dentro de mi humana condición.

Luego de buscar y visitar tantas iglesias, he encontrado una en Florida y otra en Puerto Rico que me han demostrado, con obras, el ejemplo más cercano a las lecciones de Jesús. He visto que funcionan mediante el amor, el servicio a los demás, no se enfocan en juzgar, ni demonizar nuestra humana condición, sino que sirven en amor al prójimo y enseñan las lecciones que Él nos dejó. En estas comunidades estoy desaprendiendo sobre religiosidad y aprendiendo sobre espiritualidad, y mi relación con quien considero es mi Creador y Salvador.

Reconozco que antes quería cambiar el mundo, pero ahora trabajo en cambiarme a mí. Para de ese modo, poder dar lo mejor a Dios, a mí misma, a mi familia, amistades, mis clientes y a la sociedad; en ese orden de prioridad. Aunque te confieso que aún sigue latente ese espíritu de rebelde con causa y cuando soy expuesta a situaciones en las que se ataca destructivamente, aprovecho la oportunidad para educarles con firmeza para que se den cuenta del daño que hacen y paren. No me sale vivir enajenada en una utopía mental mientras mi alrededor se daña, se rompe o se destruye. No me sale aún.

* * *

En tu caso, ¿Cómo fuiste en la infancia y la adolescencia?

¿Cómo eres ahora?

¿Estás dónde quieres estar?

¿Eres cómo quieres ser, en términos generales?

Si la respuesta es sí, debes haber transformado las batallas en ganancias, lo cual se resume en victorias. Hay altas probabilidades de que tienes la capacidad de la resiliencia. ¡Enhorabuena! Sigue desarrollándola y no la olvides en las futuras batallas. Eres una persona guerrera y victoriosa.

Si la respuesta es no, te prometo que puedes lograrlo. Necesitas una actitud optimista y las herramientas que en este libro te comparto. Te daré guías que a me han ayudado grandemente, puedes adaptarlas a tu gusto y según tus necesidades.

RESILIENCIA

Tabla De Sobrevivencia A Resiliencia

Antes era o tenía	Ahora soy	Voy a ser o voy hacer

"*Me amo, me respeto, me cuido y evalúo si lo que otros expresan de mí o hacen hacia mí, son sus propios reflejos, heridas o frustraciones. Porque creo que la gente no ve el mundo tal como es, sino tal como son ellos. De ahí discierno qué permito y acepto, o qué rechazo y alejo*".

- **STEPHANIE LI**

Capítulo 12:

Armadura Protectora

Como militar aprendí a usar armaduras para proteger las partes vitales del cuerpo: cabeza, tronco (corazón, pulmones) y rodillas. Aparte de protegerme de cualquier ataque de balas, bombas o golpes, el uso de la armadura lo he adaptado en el plano personal y profesional. Quiero compartir contigo las lecciones que he aprendido para que también puedas usarlas a tu favor. Para las luchas diarias debes proteger la **cabeza**, el **corazón** y la **visión**.

Las piezas que forjan mi armadura protectora están construidas por las lecciones que he aprendido desde los momentos de sobrevivencia en la infancia hasta los más recientes.

Lo que protege el corazón es el amor a Dios, el amor propio, así como al prójimo, el perdón y la sanación.

La **cabeza** requiere de precaución, cuidado, autocontrol, manejo de emociones, valorización, defensa, valentía y coraje.

A través de los ojos conectamos lo que vemos con la mente; por lo que la **visión**, el discernimiento y la perspectiva también son piezas indispensables para nuestra armadura.

Con todos estos elementos, la armadura que podemos desarrollar puede ser muy poderosa. Aunque, soy realista y aclaro que esta armadura no se forma de la noche a la mañana, sin batallas, sin errores ni heridas. Por el contrario, todas esas experiencias que pueden parecer negativas de primera instancia, nos ayudan a construir una armadura más fuerte para protegernos positivamente y empoderarnos en las batallas de la vida; de eso precisamente se trata la resiliencia. Transformar lo negativo en positivo, los errores en lecciones, las crisis en bendiciones para que nos lleven a ganar victorias.

Amor propio

La primera lección que aprendí fue el **amor a Dios**, esta sembró en mí la semilla del **amor propio** y **al prójimo**. Desde la infancia concluí que hay un propósito para que hayamos nacido y llegado a la tierra. Desde niña admiré las maravillas que mi Creador hizo para nosotros: el cielo, el mar, los animales, la fauna, la flora, el universo en general. Así que, si eso es tan grande e importante, más lo somos nosotros los seres humanos, quienes fuimos creados a su semejanza para administrar su creación la cual es imposible de copiar, igualar o superar.

Te invito a que hagas un ejercicio: sal afuera y observa la creación existente. Observa el sol, el cielo, las nubes, el mar, la noche, la luna, las estrellas, las montañas, las plantas, los animales, toda la creación. ¿A caso podríamos ser tan insignificantes, sin valor como para estar aquí disfrutando de todo esto que funciona por su propia cuenta y de provecho para nosotros? Por todas las partes que lo analizo no le encuentro lógica a que seamos insignificantes y creados porque sí, sin propósitos ni razón.

"Maestro, ¿cuál es el gran mandamiento en la ley? Jesús le dijo: Amarás al Señor tu Dios con todo tu corazón, y con toda tu alma, y con toda tu mente. Este es el primero y grande mandamiento. Y el segundo es semejante: Amarás a tu prójimo como a ti mismo. De estos dos mandamientos depende toda la ley y los profetas" (Mateo 22: 36-40).

Pero ¿cómo vamos a amar a otros si no hemos aprendido a amarnos a nosotros primero? Según lo que he aprendido, el amor propio es el sentimiento bonito que comienza con mirarnos neutralmente por dentro y por fuera para conocernos. Aceptar nuestras fortalezas, talentos, habilidades, capacidades y pasiones. Así mismo, aceptar y empatizar con nuestras debilidades, faltas, carencias e imperfecciones. Abrazar los aciertos y desaciertos, las fortalezas y debilidades. Luego reconocer que todos los seres humanos somos perfectamente imperfectos, pero somos únicos para diversos propósitos. Una vez nos conocemos y valoramos, debemos aceptarnos, y por consecuencia, protegernos para transformarnos en la mejor versión que podamos ser, concluyendo con nuestra evolución.

En el ejercicio de aprender a tener amor propio encontré que no soy meramente un cuerpo de carne y hueso, si no que soy un ser con espiritualidad que conecta con lo más profundo de mis emociones: el alma.

Entonces, debes saber que, al ser tan complejos, el amor propio no surge de la noche a la mañana. El amor propio no surge de la nada. Nos toca la diligencia de aprenderlo y desarrollarlo, pero todo comienza en los pensamientos y en las motivaciones que nos permitimos tener.

Si permito pensamientos destructivos, difícilmente aprenderé a tenerme amor propio y tampoco podré amar a los demás. Por el contrario, si me permito buscar intencionalmente los pensamientos constructivos, me acercaré más a conocer y sentir amor dentro de mí, para mí y los demás. Existe un refrán popular que dice: "No vemos el mundo como es, vemos el mundo como somos".

RESILIENCIA

Según lo que he aprendido, el amor propio no es creerme mejor que otros, ser una persona supuestamente perfecta, egocentrista, egoísta ni narcisista con la necesidad de ser el centro de universo. ¿Acaso soy la única habitante aquí? ¡No! Entonces, mi amor propio no debe atentar al amor hacia los demás.

Lamentablemente, no podemos elegir ni controlar de ninguna forma el entorno en que nacemos y crecemos. Pero creo que vivimos en un mundo muy diverso y dividido, donde en muchas ocasiones el bien vence el mal. Por lo que aún tenemos probabilidades de encontrarnos algo o alguien que nos demuestre que hay una mejor parte, opuesta a lo negativo que podamos estar viviendo. Alguien que nos impacte de forma directa o indirecta con algún acto o palabra de amor. Solo hay que tener la intención de observar para poder encontrarlas.

A veces son personas desconocidas quienes nos dicen algo que nos hace vibrar el alma o incluso puede ser lo que me pasó de niña que escuchaba una voz en mi mente hablándome con amor y esperanza durante los peores momentos. Tal vez era mi parte espiritual expresándose a temprana edad.

¿Has experimentado algo que te dé luz en la oscuridad? Espero que sí, y si no, al menos que en este libro hayas encontrado un poco de eso. Ese es mi propósito.

STEPHANIE LI

Creo que el amor propio también es darle valor a lo que el cuerpo nos dice, cómo nos responde ante los pensamientos, palabras o acciones propias y de otros hacia nosotros. No me refiero a las destructivas, sino a las constructivas.

Considero que la inseguridad, los miedos, las actitudes y el desconocimiento a otras realidades impactan negativamente nuestro amor propio, pero si nos enfocamos con optimismo, podemos mejorarnos. El amor propio no es un sentimiento absoluto de la noche a la mañana, es un proyecto de vida que diligentemente debemos trabajar porque en nuestra humana condición vamos a errar hasta superar.

Amor propio es el estado de conocerse y sentirse bien, hacer las paces con uno mismo, cuidarse, reconocer las virtudes propias, las debilidades y buscar herramientas para el momento de reaccionar a las situaciones de la vida.

Amarme es tener una autoestima saludable, tenerme empatía para perdonarme, abrazar mi autenticidad; porque no soy como nadie más y nadie más es como yo.

Por eso, es más importante cómo Dios me ve, como yo me veo, antes que como otros me ven o piensan de mí. Amarme, también es aceptar que debo soltar lo que no puedo cambiar ni controlar, para mi propio bienestar.

Entonces, es así como nos vamos aprendiendo amar a nosotros mismos y a los demás. Si nos amamos con aceptación, empatía, sin juicio, sin complejos, sin pensamientos ni acciones destructivas, así mismo amaremos a los demás. Amar a otro es como el reflejo cuando nos miramos en el espejo.

Defensa y batalla

El amor propio no permite que ni tú, ni otros te destruyan, por eso **defenderme y batallar** fue otra lección que aprendí. He podido ver que las personas que carecen de amor propio, o las que por el contrario son narcisistas y egoístas, son las que van por el mundo destruyendo e intentando hacer daño a otros.

Si amo a mi abuela, mis tías, mis padres, a los hijos que nazcan de mi vientre, a mi pareja, ¿voy a dañarlos, lastimarlos o tener comportamientos que los destruyan? Por ejemplo, si amo mi mascota, ¿voy a permitir que alguien le haga daño o la lastime? ¡No! ¡Eso no es amar! Doy el ejemplo de la mascota porque he escuchado a muchas personas expresar que prefieren tener animales en su vida como acompañantes, que a otros seres humanos.

A parte de todos los demás, obsérvate y pregúntate, ¿voy a dañarme, lastimarme o tener comportamientos que me destruyan? ¿Voy a permitirle a segundas o terceras personas que me dañen, me lastimen y tengan comportamientos hacia mí que me destruyan? ¡No! ¡No! ¡No!

Amarme y amar al prójimo no es someterme, no es dejarme, no es permitirme ningún acto que esté falto de amor, lleno de destrucción y dolor.

En nuestra humana condición, llena de diversidad, nos veremos en la obligación de defendernos de cualquier persona con falta de amor hacia sí mismo o los demás.

¿Qué es defendernos y cómo lo hacemos? Defendernos es protegernos contra lo que nos hace daño o nos amenaza con peligro, sean personas, ambientes, circunstancias o situaciones.

Aprendí que nuestro cuerpo cuenta con defensas que están dispersas por los diferentes sistemas de nuestro organismo. Desde la piel, la saliva y lágrimas hasta los glóbulos. Todo apunta a que nuestra creación ya iba a tener amenazas para ser destruida, pero se nos formó con herramientas innatas para defenderla e impedirla.

¿Cuán importante podemos ser para Dios que nos creó teniendo todo bien pensando y puso en nosotros mecanismos que evitan nuestra destrucción? En mi opinión, somos sumamente importantes. Biológicamente venimos con algunos mecanismos de defensa y protección como el reflejo de taparnos o cubrirnos. Unos se defienden alejándose o huyendo y otros enfrentando de frente el peligro con acción. Yo he vivido ambas.

Resiliencia

Desde niña comencé a defenderme cubriéndome de los golpes o alejándome de ellos, ya de adolescente con una mente más despierta me di cuenta de que eso no me funcionaba en el círculo de maltrato psicológico y físico que vivía, así que dentro de mi capacidad y rebeldía comencé a enfrentarme verbal y físicamente.

En este tipo de defensa no había actos de amor, sino de sobrevivencia y por eso decidí alejarme del entorno que no me dejaba amor ni construcción, todo lo contrario.

Según la Real Academia Española, la batalla es la acción o conjunto de acciones ofensivas encaminadas a la obtención de un objetivo. En la vida nos toparemos con la necesidad, deseo u obligación de asumir la batalla. Las batallas involuntarias nos elegirán a nosotros. De estas, no tenemos control. Podrán tocarnos como consecuencia de las acciones de otras personas, situaciones o circunstancias externas que pongan en amenaza: nuestra salud, integridad, bienestar, necesidades, intereses o deseos.

Por otro lado, las batallas voluntarias son las que asumiremos nosotros con el fin de cumplir objetivos determinados. De estas tenemos el control de decidir asumirlas o no. Habrá circunstancias que solo con batalla podremos resolver, terminar o superar. No habrá más opción.

Stephanie Li

Comencemos por las batallas externas, las cuales vienen involuntariamente y sin que necesariamente tengamos el poder de controlar. Cualquier de las dos circunstancias en la que te encuentres, mi recomendación es que te defiendas y luches las batallas con valentía y astucia, pues te harán más resiliente, más capaz y fuerte. Prepárate, edúcate, súplete de herramientas, equipo de personas que te apoyen, así sea solo una extra, no estés sola (o). ¡Prepárate y defiéndete!

Pasemos a las batallas internas, de las que la mayoría estamos en constante lucha hasta el día que nos morimos. Nuestros pensamientos de miedo, inseguridad, rabia, desconsuelo, celos, complejos y muchos otros más. En mi experiencia, lo mejor que me ha resultado para lidiar o ganar estas batallas ha sido la espiritualidad, la educación autodidáctica y el expresarme con personas que sé que me aman y puedo confiar. Más adelante te comparto otras herramientas para enfrentar estas batallas.

Con los años de sobrevivencia, las experiencias que me tocaron vivir y lo que he conocido sobre otras historias de batalla, quienes enfrentan con propósitos de bien ganan victorias. Las victorias pueden ser más capacidades, más habilidades, más

experiencias, más sabiduría, más herramientas y crecimiento interno o externo.

Aunque de primera instancia veas las batallas perdidas como

Resiliencia

resta en vez de suma a tu vida, analiza con diferentes perspectivas y verás que toda pérdida es ganancia cuando tienes la actitud de transformarla a tu favor. De ahí, desarrollas la capacidad de la resiliencia.

Desaprender

"No vemos el mundo como es, vemos el mundo como somos".

- Bruce Lipton, PhD

Las creencias son esa data insertada y programada en el subconsciente de nuestro cerebro. "Algunas son heredadas desde niños o por el entorno sociocultural otras como conclusión por experiencias propias según las capacidades. Se manifiestan automáticamente, desde nuestra historia y percepción o la de terceras personas que nos influyeron y las insertaron en nosotros".

Para transformar el chip que ya tenemos insertado en nuestra mente debemos **desaprender**, esto consiste en olvidar lo aprendido, comprender, reconocer y aceptar que la manera en que vemos la vida no es 100% precisa, no es 100% cierta.

Si no me crees, te tengo otro ejercicio. Toma un momento y haz una pausa. Piensa, analiza y trata de comprender lo siguiente: ¿Por qué los humanos no se entienden todos en un mismo idioma? ¿Por qué no tienen las mismas costumbres, cultura, religiones, gustos o estilos de vida? ¿Por qué no logramos relacionarnos sentimentalmente todos con todos, sino que nos toma tiempo encontrar personas con las que nos sintamos identificadas, conectadas y afín?

Somos una sola raza, sí, pero nuestras mentes tienen pensamientos muy diversos porque hemos aprendido y vivido experiencias diferentes, en entornos y situaciones variables.

Considera y analiza:

¿Cuántos billones de seres humanos habitan sobre la faz de la tierra?
¿Cuántas decenas de países se conocen alrededor del mundo?
¿Quiénes tienen las creencias absolutamente ciertas?
¿Quién tiene toda la razón?

En mi opinión, no hay absolutos en estas respuestas, lo que abunda es diversidad y relatividad.

Aceptar que nuestra forma de ver las situaciones de la vida no es 100% precisa es el primer paso para desprogramarnos de la idea cerrada que lo que pensamos o creemos es la única realidad o posibilidad en el mundo. Abrir nuestra mente y optar por una actitud de aprendiz es de las decisiones más poderosas que he podido adherir a mi armadura y por eso te invito a que tú también la adquieras.

Cuando he decidido bajar la guardia sin ego y abrir mi mente he desaprendido lo que se me insertó en la mente. He logrado

Resiliencia

encontrar herramientas muy poderosas que me han ayudado a ganar victorias. Incluso, luego de mis propias experiencias he logrado desaprender que lo que concluí no fue absolutamente ni permanentemente cierto.

Te invito a que le pongas un alto a tu ego. A que te deshagas de toda actitud de soberbia y prepotencia al pensar que lo que crees es la única verdad. También te invito, a que tomes la decisión astuta de controlar tu ego, que siempre quiere ganar la razón, para abrir tu mente al exponerte a experiencias que te nutran, eduquen y presenten ideas diferentes a las que conoces hasta el momento.

Sé una persona incrédula selectivamente y con propósito. No creas todo lo que crees. ¿Confuso? Me refiero a que no le des la razón a toda la información que tienes insertada en tu mente. Escoge tener hambre de educación para aprender el cómo de las cosas, de todas las que puedas. Escucha cómo otros ven la vida para identificar semejanzas y diferencias a como tú las ves. Observa cómo otros se comportan ante distintas situaciones y circunstancias, pero no para juzgar, sino para intentar relacionar y comprender. La empatía ayuda a ver la realidad de otros y esto también puede ayudarnos a desaprender.

Estos ejercicios me han ayudado a tener diferentes perspectivas al ver a las personas y situaciones de manera más asertiva, y esa habilidad puedes desarrollarla para incluirla como pieza importante en tu armadura.

"Todos somos muy ignorantes. Lo que ocurre es que no todos ignoramos lo mismo".

- Albert Einstein

Menciona 3 creencias que tienes desde la niñez. Puede ser religión, reacciones a situaciones de la vida o cómo te ves a ti misma.

1.
2.
3.

Valentía y fortaleza

"La valentía es el hecho logrado con valor cuando se vence el miedo".

Para añadir la **valentía** a nuestra armadura necesitamos aprender a identificar los miedos y usarlos a nuestro favor, eso fortalecerá nuestra armadura.

El primer paso hacia la valentía es reconocer que tienes miedo, y el segundo es no permitir que te frene. Por el contrario, debes usarlo a tu favor para mejorarte y cumplir tus objetivos.

Resiliencia

Cuando logramos esos dos pasos iniciales sobre el miedo, comenzamos a experimentar la resiliencia porque precisamente se basa en seguir adelante, por encima de las circunstancias difíciles y negativas que vivamos. Sobrepasar los obstáculos. Así que con todo y miedo ¡lánzate y conquista!

Ejecuta las acciones que te acercarán a las metas positivas, tal vez las primeras veces que hagas lo que te atemoriza no saldrá de la mejor manera, pero créeme que peor es la inacción (paralizarte y no hacer nada). Mientras más te enfrentes a lo que te da miedo, más lo irás dominando hasta que desaparezca casi por completo. Cuando llegues a ese nivel serás más capaz y más fuerte.

Te aseguro, el miedo es una emoción natural en nosotros cuando sentimos desagrado ante un peligro real, pero también por una mera especulación o percepción hacia una situación amenazante.

Escribe una lista de 5 decisiones que te da miedo tomar y menciona el primer paso que puedes realizar para vencerlo y ser valiente.

1.
2.
3.
4.
5.

Cuando vences tus miedos con la acción de moverte por encima de lo pesado, difícil o resistente que pueda ser, desarrollarás la capacidad de la fortaleza. Así que toma control sobre tu mente; con todo y miedo muévete, conquista, vence, hazte más fuerte y repite las veces que sean necesarias.

> *"No es valiente el que no tiene miedo,
> sino el que sabe conquistarlo".*
>
> - Nelson Mandela

Discernimiento

"No den lo sagrado a los perros, no sea que vuelvan contra ustedes y los despedacen; ni echen sus perlas a los cerdos, no sea que las pisoteen" (Mateo 7:6).

Nuestra armadura protectora necesita una pieza indispensable y virtuosa que se llama **discernimiento**. Esta es la de distinguir e identificar las cosas por patrones de conductas positivas o negativas, según nuestro juicio moral.

El discernimiento también se concluye en base al conjunto de cómo se relacionan las situaciones entre sí y cómo se afectan los unos con los otros.

Como expliqué en párrafos anteriores, en un mundo tan diverso nos toparemos con variedad de personas o situaciones que

RESILIENCIA

nos harán experimentar sensaciones positivas o negativas. Debemos analizarlas y compararlas. Poner una balanza y enumerarlas para identificar lo que más pesa. ¿Es más lo positivo? Agradécelo, valóralo, reconócelo y mantenlo en tu entorno. De hecho, busca tener más de eso en tu diario vivir.

¿Es más lo negativo? Identifícalo y defiéndete, sea enfrentando y corrigiéndolo o, por el contrario, sea alejándote y soltándolo. Lo más sano para tu mente, corazón y visión.

En la realidad de la vida nos encontraremos con personas que nos provocarán batallas. No podemos controlar a las personas, pero sí podemos protegernos de ellas.

Te voy a contar una anécdota interesante que escuché en el barrio donde crecí.

"A los cangrejos no se les tapa, se les deja con el cubo destapado, porque entre ellos mismos se halarán por las patas para quedarse abajo, allí en el fondo de nada. Hasta que se mueran".

Así mismo, existen personas con la mentalidad egoísta de querer obstaculizar o arrastrar a quienes ven saliendo adelante, destacándose y superándose. A veces, esas personas están en nuestro entorno más cercano, que es la familia, otras están en el trabajo, el vecindario, entre quienes consideramos nuestros amigos o en las redes sociales. Pueden aparecer en cualquier parte.

Identificarlos, puede ser fácil. ¡Escúchalos! Cuando se expresan hacia otros es solamente para opinar de forma destructiva o despectiva. No se expresan genuinamente para felicitar, celebrar o empoderar. ¡Siéntelos! Lo sientes hasta en su energía, incluso antes de hablar.

Cuando se mueven es sólo para atropellar a los demás, por eso no salen de donde están y buscan manifestaciones en contra de otros que les permitan expresar sus propias frustraciones. Lo puedes ver en su lenguaje corporal, en sus acciones o inacciones. Las miradas faltas de amor o las actitudes que asumen con el cuerpo. Intentarán atropellar con sabotaje, difamación, burla, críticas sin fundamentos, desvalorización, robo de ideas o trabajos, entre otros actos más.

¡Si estás en un cubo rodeado de cangrejos, salte, agárralos por las patas y aliméntate de ellos! Usa sus ataques a tu favor, ampárate en la resiliencia al convertir su negatividad en tu beneficio. Sus intentos de destrucción en tu construcción. No permitas lo contrario porque te bajarás a su posición alejándote de tu propio crecimiento y propósito.

"Sé distinto, porque para vivir como ellos no viven, tienes que hacer lo que ellos no hacen". - Anónimo

Para protegerte con discernimiento comienza por comprender que no puedes confiar en todas las personas que se crucen en tu vida.

Resiliencia

Solo verás, de manera superficial, lo que ellas quieren o pueden mostrar.

Como ya les dije, existe mucha gente falta de amor propio y a los demás. Eso no lo podemos controlar o cambiar. Punto. Entonces, debemos saber diferenciar la confianza superficial de la confianza íntima. Tal vez puedas hablar con muchas personas sobre anécdotas superficiales, pero es muy distinto cuando le cuentas a otros tus intimidades y secretos. Cuando abres esa puerta íntima te expones y pones en peligro tu mente, corazón y hasta la seguridad de tus intereses.

Aprende que por amor propio no debes ni tienes la necesidad de contarle a otros todo sobre ti. Tus sueños, metas, secretos, errores, fortalezas, debilidades, miedos, frustraciones, en fin, ¡todo!

No conocemos a nadie más que a nosotros mismos. Incluso muchos ni siquiera nos lograremos conocer completamente, pues estamos en constantes cambios y transformaciones. Hoy no somos lo que fuimos hace cinco años atrás. Entonces, si ni siquiera nos conocemos a nosotros mismos absolutamente, ¿por qué vamos a tener la expectativa de conocer absolutamente a otras personas?

Repito, sé incrédula selectivamente con propósitos positivos. No esperes lealtad y perfección absoluta de nadie. Todos estamos en la humana condición de fallar, de ponernos a nosotros mismos por encima de la conveniencia o interés de segundas o terceras personas.

No confíes absolutamente en nadie. No cuentes todo sobre ti a cualquier persona, y mucho menos al poco tiempo de conocerle. Debo aclarar, esto no es una invitación a ser una persona absolutamente desconfiada. Sino que no tengas altas expectativas de otros hacia ti, que no exijas la perfección que ni tú puedes dar, ni ingenuamente creas en todo lo que ves superficialmente. Observa, analiza, compara similitudes y diferencias en los hechos para desarrollar el discernimiento. El tiempo será tu mejor aliado para pulir esta habilidad que te ayudará a tener más visión en la vida.

Hay unas frases populares que dicen: *"es mejor no esperar nada y quedar sorprendido que esperar mucho y quedar decepcionado"*.
"Esperar lo mejor, pero estar preparado para lo peor".
– Dalai Lama

No puedo cerrar el tema del discernimiento, sin antes apuntar al de las situaciones a las que nos exponemos. Ya sabemos que no podemos controlar todos los ambientes, circunstancias, situaciones, tiempo y espacio por el que vamos en la vida. El discernimiento nos debe dar la capacidad de distinguir las situaciones de posible peligro versus las de seguridad.

La prevención y planificación es una forma de protegernos de muchos peligros. Estos deben ser seguidos por la diligencia que es

Resiliencia

realizar la gestión. Por último, pero no menos importante, debemos aprender a discernir los momentos en los que debamos aferrarnos a la fe y confiar en el propósito que tenga lo que estemos viviendo.

Las enfermedades, fallecimientos de nuestros seres queridos y eventos atmosféricos son algunas situaciones que solo con la fe podremos protegernos y batallar. Los milagros y los propósitos sí existen, y no dependen de nosotros, sino de una fuerza superior. Aceptarlo y confiar es una decisión que deberíamos asumir con discernimiento.

Tabla Para Aprender A Discernir

Hechos o pensamientos	Aspectos positivos	Aspectos negativos	Resultados en mi	Reflexión	Decisión

***

Analiza, ¿Puedes reconocer si alguna experiencia te está construyendo o destruyendo?

¿Has asumido la batalla para ganar la victoria?

¿Cómo han resultado tus decisiones?

Stephanie Li

"Mientras más piedras encuentre en mi camino, más alto construiré mi castillo y mayor será la victoria. Cada piedra será transformada en un escalón, cada desprecio en más valor, cada subestima en gasolina para mi motor y cada atentado de destrucción en construcción ".

- Stephanie Li

CAPÍTULO 13:

ARMAS PARA GANAR VICTORIAS

Ya que hemos identificado las piezas que deben formar la armadura que nos proteja, nos toca suplirnos de las armas para ganar victorias. Estas armas no son pistolas, rifles ni bombas, son capacidades personales que nos servirán como herramientas para batallar y ganar.

Las armas que he usado para batallar han sido: la dirección, el propósito, la autosuficiencia, disciplina, fe con diligencia, el compromiso, estrategias, empoderamiento y emprendimiento.

Autosuficiencia

El arma de la autosuficiencia fue la primera que agarré en mis primeros años de batalla. Las circunstancias de lo que otras personas hicieron o no hicieron hacia mí me demostraron con hechos que todos me podían faltar, excepto Dios.

Cuando nacemos y somos bebés no somos autosuficientes, no tenemos la capacidad de cuidar de nosotros mismos. Para esto, Dios envía lo que yo llamo "ángeles terrenales" quienes, con amor, protección y sin esperar nada a cambio, nos cuidan.

Cuando tenemos alguna limitación o condición médica, tal vez no seamos autosuficientes del todo, pero si tenemos salud podemos batallar y desarrollar la autosuficiencia. Cuando nos armamos con esta poderosa capacidad usamos nuestras habilidades y dones para cuidarnos, y solucionar batallas, sin necesidad de segundas ni terceras personas.

No nos quedamos inmóviles o sentados cómodamente, esperando que las victorias lleguen a nosotros. Por el contrario, nos adueñamos de nosotros mismos, agarramos fuerza para levantarnos y enfrentar los retos que nos acercarán a los objetivos que queremos lograr. ¡Tomamos acción! ¡Nos movemos!

La autosuficiencia hace que trabajemos por nosotros mismos y para nosotros, luego por las personas que dependen de nosotros como nuestros niños o familiares con limitaciones de salud.

RESILIENCIA

Es mandatorio comprender la importancia de la autosuficiencia para usarla como tu arma principal, porque el dueño de tu vida eres tú. No son tus padres, familia, pareja, hijos, tu jefe, el gobierno de tu país, etc... ¡eres tú! Que estos pueden influir y de cierta forma obstaculizar o acelerar tu capacidad de conseguir las cosas por ti mismo, sí, pero cómo reacciones y lo que permitas está en tus manos.

Tú eres un ser individual. No naciste siendo un parásito que está formado para depender de otros seres vivos. Naciste con un ADN único, un cuerpo, un espíritu, una mente y un corazón para experimentar **tu propia vida**.

Reconócete, eres un ser único y valioso, con la capacidad de satisfacer tus necesidades y deseos. Si no tienes la capacidad de desarrollar lo necesario para lograrlo, o no tienes un mentor como me sucedió a mí cuando comencé, acude a los libros como estás haciendo ahora con este y sé una persona autodidacta. Incluso, hoy día, en la era de la información, tenemos mucho a nuestro favor y al alcance de la mano. ¿Quieres lograr algo y no sabes ni por dónde empezar? Pregunta en un navegador de búsqueda, lee todo y analiza con discernimiento.

Te confieso un secreto, muchas de las victorias que he alcanzado es por tener la iniciativa de salir a buscar las soluciones por mí misma y cuando no las encuentro recurro a la creatividad y

Stephanie Li

las invento.

¿Qué tal si eres tú quien encuentre alguna solución para un problema en común que tengan miles de personas y te conviertas en el autor de la próxima innovación? La autosuficiencia será esa arma que cambiará todo. A la frase popular: *"El que busca encuentra"* yo le añado *"y si no encuentra, inventa"*.

Propósito

Una vez decides ser una persona con el arma de la autosuficiencia y arrancar con tu propio camino, necesitarás otra arma: **propósito**. Cuando caminas por la vida sin saber hacia dónde quieres ir, tienes más probabilidades de perderte y no lograr las metas que deseas. Para evitar perderte, deberás tener claro el objetivo para hacer las cosas y eso es propósito.

¿Qué te apasiona? ¿Qué te mueve? ¿Qué te inspira? ¿Cuál es la razón por la que quieres alcanzar las metas que tienes? ¿Cuál es por qué?

El porqué y para qué del qué, será una de las armas que te ayudará a batallar para alcanzar las victorias, por lo que necesitas hacer una introspección para identificarlo, aceptarlo y asumirlo con sostenimiento. Cuando digo sostenimiento es aferrarte con fuerza a la razón de tus metas.

RESILIENCIA

Es importante que el propósito de tus metas esté directamente relacionado a valores personales, más allá de bienes materiales, porque es así como la satisfacción de cada logro será transcendental y no efímera (superficial o pasajero).

Dirección

Yo veo la dirección como el destino al que queremos llegar. Una vez sabes el propósito de tus metas, deberás trazar las rutas del camino que tienes que pisar para llegar a las misiones que te has trazado.

La dirección puedes visualizarla como una escalera en la que cada escalón es un paso del camino que necesitas tomar para llegar a la meta. El primer paso será el que des cuando te muevas a ejecutar la primera acción necesaria para comenzar a recorrer el camino. Lo más probable es que tendrás miedo e inseguridades, pero recuerda que si aplicas la fórmula del capítulo anterior, ya tendrás una armadura protectora para enfrentarte a las batallas del camino. En ocasiones tendrás que cambiar de ruta o camino para llegar al destino final. Mantente siempre alerta, pues nada está escrito sobre piedras y la fuerza suprema te puede asombrar.

Disciplina

Si en tu plan ya tienes claro el propósito y la dirección, la próxima arma para batallar será la disciplina.

¿Cuánto podrás acercarte a las victorias si le falta orden y obediencia a tus propósitos y dirección? Cuando camines sin las armas de la disciplina, habrá altas probabilidades que que estarás subiendo tres escalones y bajando dos. Con el arma de la autosuficiencia necesitarás adueñarte de tus emociones y autocontrol para dirigir tu mente y cuerpo hacia el frente de batalla.

Necesitarás poner orden y reglas necesarias para crear hábitos constructivos que te lleven a seguir hacia adelante con tus propósitos. Tendrás que hacer lo que toque hacer, para obtener lo que anhelas tener, y convertirte en lo mejor que puedes ser.

¡Tú puedes! ¡Tienes el poder! Ármate de disciplina con amor. Recompénsate cuando subas cada escalón, así te mantendrás motivada (o) a repetir la ecuación.

Fe y diligencia

Armarte de disciplina puede ser difícil si estás falto de confianza y acción. Necesitas confiar y moverte. Por eso, la próxima arma que te recomiendo es la fe y la diligencia, me refiero a **moverte** con confianza y creencia. Repito a la inversa, con confianza y creencia ¡muévete!

Necesitas creer en ti, en tus propósitos, en tu misión y plan. Esa confianza debes acompañarla de acción. En nada obrará que tengas confianza y te quedes paralizado en la batalla, ahí estarás actuando sin el arma de la autosuficiencia. Así mismo ocurre cuando te mueves sin la fe con la cual lograrás la victoria. Fe y diligencia deben ser el arma de doble filo que uses simultáneamente. Juntas es que realmente funcionan. ¡Cree en ti y muévete hacia la victoria!

"Así también la fe por sí sola, si no tiene obras, está muerta".

(Santiago 2:17)

Agradecimiento

El agradecimiento es el sentimiento de reconocer algún beneficio que recibimos y que le reconocemos a quien nos otorga el favor que a veces es solicitado, otras veces no y en ocasiones hasta inmerecido.

Cuando sentimos agradecimiento la soberbia está ausente porque la humildad está presente y esta es la virtud de reconocer que tenemos debilidades, cualidades, y capacidades que con la aportación de otros podemos mejorar para suplir alguna necesidad. Cuando agradecemos, reconocemos y valoramos el favor de otros hacia nosotros.

Cada segundo de vida es un regalo privilegiado que todos debemos agradecer, porque ¿quién de nosotros se ganó ese privilegio desde otro plano existencial? ¿Quién de nosotros se merece estar aquí en esta Tierra? ¡Existimos por la gracia, misericordia y amor de nuestro Creador!

Cuando nos sintamos merecedores de todo lo que deseamos en una forma arrogante y soberbia, o nos creamos ser el centro del Universo, recordemos que la vejez llegará y que no hay capricho, ni soberbia, ni vanidad, ni superficialidad que valga en esta etapa de la vida que nos acerca al final físico. Lo que prevalecerá en la Tierra es el bien que hicimos a los demás, las aportaciones que ayudaron e impactaron positivamente la vida de nuestros semejantes. ¿Has analizado las personas más importantes de la historia de la humanidad? La mayoría es recordada por sus servicios, aportaciones e impacto a otros. ¿Quién de las personas más importantes de nuestra humanidad es recordada con amor y valor porque tenía ostentosidad, soberbia y vanidad de sí mismo?

Cuando se nos acabe el tiempo y llegue el final de nuestros días, confirmaremos que cada segundo que tuvimos para vivir fue un regalo del cual debimos haber agradecido y valorado con el alma, además de haberlo aprovechado para un bien común más allá de nuestros intereses individuales.

Como expresé en los primeros capítulos, en mis momentos más oscuros quise quitarme la vida porque no le veía el valor por lo aturdida que estaba mi mente y emociones. Hoy día que vivo un estilo de vida y entorno completamente opuesto, me repito constantemente ¿yo me hubiera perdido este momento maravilloso, si me hubiera quitado la vida? ¿Yo me hubiera perdido el conocer a mi esposo, mi hija y toda la gente hermosa que he conocido en el camino?

En los momentos de crisis donde estuve sin hogar, sin zapatos, sin comida... Aprendí a valorarlo todo. Hasta un pequeño pedazo de pan o un retazo de tela para hacerme un vestido sin coser ni cortar. Porque no tuve nada, aprendí a valorar y agradecerlo ¡todo!

Y programando mi mente para contar mis bendiciones en vez de mis carencias he visto un fenómeno muy interesante. Mientras más agradezco, más recibo y comparto. Mientras comparto más recibo. Y mientras más valoro, más abundancia veo a mi alrededor. Pero no me malinterpretes, cuando hablo de abundancia. No me refiero únicamente a bienes materiales y tangibles, sino a los emocionales y espirituales.

Si no agradecemos un pequeño pedazo de pan, ¿cómo vamos a valorar un banquete completo de alimentos? El agradecimiento trae abundancia a la mente, al corazón y a nuestro alrededor. ¡Practícalo!

Ejercicio para desarrollar hábito de agradecimiento:

1. **Identifica** cada motive cotidiano por lo que debes dar gracias. Ejemplo: el hecho de sólo respirar y tener un corazón que late, el dormir en una cama acolchonada, el bocado de alimento que logras obtener, la habilidad de hablar, ver, escuchar, caminar o sentarte, la compañía de una mascota o una persona que te ama.
2. **Reconoce y Disfruta** con alegría cualquier motive que tengas para agradecer, no lo menosprecies por más pequeño o insignificante que parezca.
3. **Expresa gratitud** a tu Creador, a ti mismo, a quienes te han otorgado un beneficio y a otros. Lo que sale de ti, regresa a ti.
4. **Comparte selectivamente** las bendiciones con otros que necesiten. Una vez tu suplas tus necesidades individuales, comparte con semejantes que sepas que necesitan realmente tu ayuda. Y soy enfática en el discernir y seleccionar sabiamente porque la realidad es que vivimos en un mundo donde existen personas oportunistas que se aprovechan mal intencionadamente de la nobleza de otros, por lo que debemos protegernos. Aún así, compartamos con quienes elijamos, sin esperar nada a cambio, pues el acto no debe ser uno de intercambio sino un acto de gratitud por las bendiciones que ya hemos recibido y las que seguirán llegando, lo que no tiene nada que ver con quien ayudamos.

Resiliencia

Estrategias

Así como los soldados necesitan mapas trazados y brújulas para moverse de un punto a otro, nosotros necesitamos de **estrategias** que nos guíen en los movimientos hacia el frente de las batallas.

Ningún guerrero se lanza a la batalla sin saber cómo va a pelear y usar las estrategias. Para enfrentar tus batallas necesitarás realizar un plan de ejecución. Este se caracteriza por servir de mapa hacia tus objetivos. Te pone en clara perspectiva sobre dónde estás y te indica qué paso debes dar para acercarte a la victoria.

El plan debe tener clara tu misión y visión, los objetivos a realizar en un tiempo determinado, los retos y obstáculos que tienes para superar, cómo los vas a solucionar, los actos que necesitarás ejecutar, los resultados obtenidos y, por último, la evaluación de las ganancias versus las pérdidas.

Plan De Operaciones: Batallar y Ganar Victorias

Misión y visión		
Objetivos y tiempo para alcanzarlos		
Retos y obstáculos		
Estrategias	Cómo	Cómo
Ejecución	Acción 1	Acción 2

Compromiso

Tienes que comprometerte y ser fiel a tus propósitos, solo así podrás superar los retos que enfrentarás en cada batalla. No será un camino fácil y lineal, más bien lo asocio a una montaña rusa. Las cosas valiosas e importantes cuestan energía, tiempo, dinero, sacrificio y mucho más. Todo vale la pena cuando valoras cada logro, por pequeño que sea, ya que confirma tu cercanía con la misión y visión.

El arma del **compromiso** facilitará que cuando te canses puedas renovar tus fuerzas. Porque sí, tendrás que parar a descansar. Pero solo hazlo por un periodo corto de tiempo, ponte un límite, y entonces vuelve a batallar con más fuerza.

¡No te rindas ante lo que te hace feliz!

Empoderamiento

El arma que se forma de todas las demás armas unidas es el **empoderamiento**. Las armas recomendadas anteriormente te servirán como herramientas para fortalecerte, mejorarte y aumentar tu potencial en todas las áreas de tu vida: individual, social, económica, política, colectiva y espiritual.

Lee detenidamente y repite, más de dos veces, si es necesario: *Puedo aumentar mi grado de autonomía, autodeterminación y autosuficiencia sin depender de mis circunstancias, entorno o trasfondo.¡Sí puedo...sí quiero!*

Tienes que quererlo desde lo más profundo de tu ser. El mundo tiene escrita la historia de muchísimas personas que, con varias batallas en su contra, ganaron victorias individuales, sociales y hasta mundiales.

Para mencionarte algunos ejemplos de superación voy a compartirte una lista de personas públicas, las damas primero:
1) Malala Youzafzai, la niña pakistaní que casi muere por la educación de las niñas.
2) Amelia Earhart, la primera mujer piloto.
3) Maria Teresa de Calcuta, misionera.
4) Marie Curie, científica pionera.

5) Oprah Winfrey, emprendedora de las comunicaciones.

6) Diana de Gales, princesa caritativa y humanitaria.

7) Evita Perón, actriz y política consiente de la sociedad.

8) Lizzie Velásquez, la mujer "más fea del mundo".

Caballeros a continuación:

1) Jesucristo- En la fe cristiana, se considera Salvador y Redentor de la humanidad.

2) Marthin Luther King, religioso y activista contra el discrimen racial y desventajas sociales.

3) Walt Disney, empresario pionero del cine de dibujos animados y visionario del entretenimiento familiar que incluye múltiples parques, productos y servicios.

4) Nelson Mandela, abogado, activista contra el apartheid, político y filántropo sudafricano que actuó como presidente.

5) Albert Einstein, científico genio y humanista.

6) Mahatma Ghandi, político y filósofo héroe de la paz.

7) Thomas Edison, científico creador de la bombilla.

8) Nicholas James Vujicic, el hombre con síndrome de tretra-amelia (nació sin brazos ni piernas) orador motivacional, predicador cristiano y emprendedor.

Las personas que te he mencionado tuvieron varias batallas y fracasos en sus propósitos, pero con capacidades de resiliencia lograron victorias históricas. ¿Sólo personas públicas? En lo absoluto, todos los días hay personas privadas batallando contra enfermedades, pobreza, maltrato, desventaja, discrimen, problemas sociales y más. ¿Eres tú una de estas personas? Si no lo eres, ¿cuál es tu excusa?

¡Empodérate ya!

Emprendimiento

La última arma que te compartiré es opcional, se llama **emprendimiento**. Te la comparto, porque fue la que me ayudó a llevar mi vida laboral y profesional a tener experiencias enriquecedoras que no hubiera vivido en los trabajos que tuve desde adolescente.

Cuando la forma de ganarte la vida te somete a la sobrevivencia...
Cuando vives para trabajar...
Cuando trabajas donde no valoran tu desempeño sobresaliente...
Cuando no puedes manifestar y dar lo mejor de ti...
Cuando te pierdes lo más importante de la vida por el trabajo...
Cuando trabajas en el sueño de otra persona que no te hace parte, ni te valora...

El emprendimiento puede ser la solución que te lleve a la victoria y éxito.

STEPHANIE LI

¿Tienes el sueño de crear una solución para otras personas? ¿Ves oportunidades donde otros ven problemas? ¿No te conformas con lo que necesitas y quieres luchar por lo que te mereces? ¿Eres un hablador o un hacedor?

Sé autosuficiente, identifica tus oportunidades, habilidades, la dirección, el propósito y... ¡emprende!

Que no es perfecto, que no lo sabes todo, que te falta, que tienes miedo... ¡con todo eso, arranca, empieza y emprende! Usa la mentalidad de estudiante para siempre tener la mente abierta a aprender. Usa tu armadura protectora y las armas para ganar victorias que en este libro te recomiendo.

"El que quiere hacer algo conseguirá el medio, el que no, una excusa".

- **STEPHEN DOLLEY**

RESILIENCIA

"Transforma tus batallas en victorias, los errores en lecciones, la sobrevivencia en resiliencia, y las crisis en oportunidades de bendiciones. ¡Con amor y fuerza!"
- Stephanie Li

Capítulo 14:

Conclusión

Para concluir esta obra literaria quiero que repasemos. Aparte de compartirte mi testimonio con las batallas más fuertes que he vivido con la más resiliente forma que las manejé, te compartí unas guías y herramientas que me funcionaron en mis procesos de lucha porque les saqué ganancias, lo que para mí son victorias.

Las batallas siempre van a estar y es natural que de primera instancia reaccionemos con dudas, frustración, desenfoque, rabia, etc. Porque no entendemos el para qué, queremos tener soluciones inmediatas y muchas veces las batallas nos agarran sorpresivamente, pues nos tocan para hacernos crecer, mejorar y aportar a propósitos que de primera instancia son desconocidos para nosotros.

Resiliencia

Otras batallas son resultados de nuestras decisiones, si son por desaciertos dejarán lecciones y experiencias que como te mencioné estará en nosotros convertirlas en ganancias y victorias.

¿Quieres vengarte o desquitarte destructivamente de las batallas y enemigos? Te propongo una mejor forma que a mí me ha resultado muy bien... ¡No te vengues! Desquítate a la inversa: construyéndote, empoderándote, superándote, perdonándote, soltándote y ganando victorias de bien.

Se distinto a los enemigos, porque para vivir como ellos no viven, tienes que hacer lo que ellos no hacen. Llévale la contraria a la intención destructiva de la batalla. Úsala para construirte. La obscuridad no tolera la luz, por eso ¡Irradia! Y acompáñalo con una sonrisa.

Más allá del reto de caer en las batallas, el reto está en tomar control de nuestros pensamientos, manejar nuestras emociones para cambiar lo negativo a positivo y de destructivo a constructivo.

Si no podemos solos, hablemos y busquemos apoyo de personas que nos amen y tengamos la confianza de que nos darán consejos bien intencionados, también consideremos buscar ayuda psicológica o espiritual de profesionales comprometidos. Eso no nos hace menos, no nos hace locos ni incapaces, por el contrario, es una decisión sabia reconocer qué batallas podemos enfrentar con nuestras capacidades y cuáles no.

Así mismo, te invito a recordar que hay batallas que físicamente no podremos pelear ni vencer, sino espiritualmente. Cuando programamos esto en nuestra mente, podemos hasta recurrir a la batalla spiritual, antes que a la física, lo cual he probado que ayuda en gran manera y hasta facilita cualquier otro acto de defensa o lucha.

"No le digas a Dios cuán grande es tu gigante, dile a tu gigante cuán grande es tu Dios".

Es mi deseo que estas guías y herramientas te ayuden a desarrollar la resiliencia. Las que te compartí en este libro son:
- Mi testimonio en diversos roles de niña a mujer
- Tabla de sobrevivencia a resiliencia
- Tabla de metamorfosis
- Armadura protectora
- Tabla para aprender a discernir
- Armas para ganar victorias
- Plan de operación: Batallar y ganar victorias
- Lista de personas que se han superado y aportado históricamente a la humanidad.

RESILIENCIA

Otra de las herramientas que me ha funcionado es la música y la ambientalización. Cuando me siento sin fuerzas para batallar preparo mi ambiente con música, fragancias, organización y elementos que aporten al plan de la victoria.

Una de las canciones que me ayuda mucho es la de Marcela Gándara, Supe que me amabas:

Desde el principio cuando te necesité
Desde el momento cuando la mirada alcé
Desde ese día cuando sola me encontraba
Cuando tu mirada en mí se fue a poner
Supe que me amabas lo entendí,
Y supe que buscabas, más de mí,
Que mucho tiempo me esperaste y no llegué,
Supe que me amabas, aunque hui,
Lejos de tu casa, yo me fui,
Y con un beso y con amor,
Me regalaste tu perdón, estoy aquí
Y cuando lejos me encontraba te sentí,
Sabía que entonces me cuidabas y te oí,
Como un susurro fue tu voz en el silencio,
Cada día me atraías hacia ti
Supe que me amabas lo entendí,
Y supe que buscabas, más de mí,

Stephanie Li

Que mucho tiempo me esperaste y no llegué
Supe que me amabas, aunque hui,
Lejos de tu casa, yo me fui,
Y con un beso y con amor,
Me regalaste tu perdón
Supe que me amabas lo entendí,
Y supe que buscabas, más de mí,
Que mucho tiempo me esperaste y no llegué,
Supe que me amabas, aunque hui,

Lejos de tu casa, yo me fui,
Y con un beso y con amor,
Me regalaste tu perdón, estoy aquí
Y estoy aquí mi dulce Señor,
Estoy aquí, amado Salvador,
Estoy aquí
Y estoy aquí

Otra es: Paz en medio de la tormenta de Jesús Adrían Romero:

Cuando lloras por las veces que intentaste...
Tratas de olvidar las lágrimas que lloraste.
Solo tienes pena y tristeza,
el futuro incierto espera.

Puedes tener paz en la tormenta.

RESILIENCIA

Muchas veces yo me siento igual que tú.
Mi corazón anhela algo real.
El Señor viene a mí y me ayuda a seguir,
en paz en medio de la tormenta.

Puedes tener paz en la tormenta.
Fe y esperanza cuando puedas seguir.
Aún con tu mundo hecho pedazos,
el Señor guiará tus pasos,
en paz en medio de la tormenta.

Cuando lloras por las veces que intentaste...
Y tratas de olvidar las lágrimas que lloraste.
Solo tienes pena y tristeza,
el futuro incierto espera
puedes tener paz en la tormenta.

Puedes tener (puedes tener) paz en la tormenta. (en la tormenta)
Fe y esperanza (fe y esperanza) cuando no puedas seguir.
Aún con tu mundo hecho pedazos el Señor guiará tus pasos (guiará tus pasos) en paz en medio de la tormenta.

Muchas veces yo me siento igual que tú (me siento igual que tú).
Mi corazón anhela algo real (ahhh).
El Señor viene a mí y me ayuda a seguir (a seguir) en paz en medio de la tormenta.

Stephanie Li

Puedes tener (puedes tener) paz en la tormenta (en la tormenta).
Fe y esperanza (fe y esperanza)
cuando no puedas seguir.
Aún con tu mundo hecho pedazos,
el Señor guiará tus pasos (tus pasos)
en paz en la tormenta.

Si puedes tener (puedes tener)
Paz en la tormenta (paz en la tormenta)
Fe y esperanza, cuando no puedas seguir (no puedas seguir)

Aún con tu mundo hecho pedazos
(hecho pedazos) el Señor guiará tus pasos (tus pasos)
En paz en medio de la tormenta, en paz en medio de la tormenta.

Y una de empoderamiento es la de Natalia Jimenez, Creo en mí:

Ya me han dicho que soy buena para nada
y que el aire que respiro está de más.
Me han clavado en la pared contra la espada,
he perdido hasta las ganas de llorar.

Pero estoy de vuelta, estoy de pie y bien alerta.
Eso del cero a la izquierda no me va.
uuuuh uuh uuuh uuuh uuh oohh
creo creo creo en mí!

Resiliencia

uuuuuh uuuh uuuh uuh uuh
uuuuh uuh uuuh uuuh uuh oohh
creo creo creo en mí!

No me asustan los misiles ni las balas
tanta guerra me dio alas de metal
.. aaah

Vuelo libre, sobrevuelo las granadas.
Por el suelo no me arrastro nunca más,
ya no estoy de oferta estoy de pie y bien alerta.
Eso del cero a la izquierda no me va.
Ouh Ouh Ouh Creo creo creo en mí.
Ouh Ouh Ouh Creo creo creo en mí
Todos somos tan desiguales, únicos originales.
Si no te gusta, a mí me da igual.
De lo peor he pasado, y lo mejor está por llegar.
Ouh Ouh Ouh Creo creo creo en mí.
Ouh Ouh Ouh Creo creo creo en mí

Te recuerdo que mientras estés con vida tienes mucho a tu favor, aunque estés pasando por procesos difíciles puedes usarlos para tu beneficio. No dejes que ninguna persona o situación te aparte de tus propósitos y anhelos. No des autoridad a tus limitaciones, dáselas a tus capacidades y oportunidades. No permitas que tus circunstancias te controlen a ti, contrólalas tú y transfórmalas en

Stephanie Li

victorias.

Sólo tienes esta vida, tú decides si la desperdicias o si la aprovechas y te beneficias. Si pierdes o si ganas.

Recuerda siempre, tú sí puedes... si quieres. Es tu actitud, tu decisión y tu acción. Tu albedrío.

Transforma la sobrevivencia en resiliencia y las batallas en tus más grandes victorias. ¡Voy a ti!

Espero algún día poder vivir en carne propia la letra de la siguiente canción de Marcela Gándara y ¡me encantaría que tú también!:

Ha sido largo el viaje, pero al fin llegué.
La luz llegó a mis ojos, aunque lo dude.
Fueron muchos valles de inseguridad,
los que crucé.

Fueron muchos días de tanto dudar,
pero al fin llegué, llegué a entender.

Que para esta hora he llegado,
para este tiempo nací.
En sus propósitos eternos yo me vi.
Para esta hora he llegado,
aunque me ha costado creer.

Resiliencia
Entre sus planes para hoy, me encontré...

Y nunca imaginé que dentro de su amor
y dentro de sus planes me encontraba yo.

Fueron muchas veces que la timidez, me lo impidió.
Fueron muchos días de tanto dudar
Pero al fin llegué, llegué a entender.
Que para esta hora he llegado,
para este tiempo nací.
En sus propósitos eternos yo me vi.

Para esta hora he llegado,
aunque me ha costado creer.
Entre sus planes para hoy, me encontré.

Para esta hora he llegado,
para este tiempo nací.
En sus propósitos eternos yo me vi.

Para esta hora he llegado,
aunque me ha costado creer.
Entre sus planes para hoy, me encontré...
Ha sido largo el viaje, pero al fin llegué.

Quiero conectar contigo, saber tu testimonio de superación y tus resultados luego de leer este libro.

Puedes comunicármelas y conectarte conmigo por:

www.StephanieLi.com

Facebook: La Shoppinista Stephanie Li

Instagram @LaShoppinista

Youtube: La Shoppinista

Bendiciones y progreso, en todos los aspectos y en todo momento.

Con amor y fuerza,

STEPHANIE LI

BIOGRAFÍA

Stephanie Li Rivera 'La Shoppinista', nació el 11 de diciembre del 1987 en Elmhurst, Illinois. Es emprendedora de las comunicaciones y personalidad de multimedios. Se especializa en compras, mercadeo de consumo "shopper marketing" y estilos de vida. Desde el 2012 es la fundadora y directora ejecutiva de www.laShoppinista.com incluyendo la marca registrada y movimiento mediático.

Cursó bachillerato de Gerencia de Medios de Comunicación y Mercadeo en la Universidad Metropolitana Ana G. Méndez de Puerto Rico y Web Design en el Art Institute of Pittsburgh.

Es veterana del US ARMY donde laboró en manejo y coordinación

de transportación por ocho años. Comenzó su carrera en la industria de las comunicaciones y mercadeo a los 16 años como promotora de diversas marcas de productos, talento y asistente de producciones comerciales o musicales.

STEPHANIE LI

Ha sido catalogada entre las más grandes influyentes de las mujeres consumidoras en Puerto Rico por agencias publicitarias, además la Blogger del 2015 por la marca Ford, y finalista nominada de los Tecla Awards 2015, 2016 y 2017 del evento hispanoamericano Hispanicize por las categorías de: Contenido auspiciado más creativo, Mejor Transmisión en Vivo por su Shoppinista Live Show en Facebook y Mejor página latina de Facebook. Es considerada experta por los medios de comunicación y su audiencia donde ha colaborado para Wapa/Wapa América, Telemundo Nacional, Univisión, Mega TV, entre otros medios de radio, prensa escrita y digital.

Entre todas sus plataformas digitales y redes sociales reúne más de 400,000 compradores, del cual 85% son mujeres de 24-55 años, residentes de Puerto Rico, Estados Unidos y otros países de Latinoamérica. Para conectar con ella, la encuentras como La Shoppinista en Facebook, Instagram, Snapchat, Youtube y Twitter.

RESILIENCIA

"Pide, cree, trabaja, recibe, agradece, comparte y repite".

- Stephanie Li

REFERENCIAS

(1) Asociación Americana de Psicología

(2) Asociación Americana de Psicología

(3) Según la Real Academia Española

(4) Autor: Marcela Gimenez, Alfredo Miceli, Diana Flores, Nicolás Angiulli, Luciano Caccia, Hugo Rivadineira, David Pescara, Verónica Estévez, Jorge Heredia (2016) *Desaprender y Triunfar: Cómo tus creencias te impiden avanzar.* Editorial: David Pescara.

(5) Todos los versículos bíblicos citados son de la Biblia, la Nueva Versión Internacional.

Made in the USA
Middletown, DE
20 January 2019